PANIK PANZER
MARTIN SEELIGER

DER BESTE MENSCH DER WELT

PANIK PANZER
MARTIN SEELIGER

DER BESTE MENSCH DER WELT

Wie ich es schaffte, die Spitze der Nahrungskette zu erklimmen

riva

Bibliografische Information der Deutschen Nationalbibliothek
Die Deutsche Nationalbibliothek verzeichnet diese Publikation in der Deutschen Nationalbibliografie. Detaillierte bibliografische Daten sind im Internet über http://dnb.d-nb.de abrufbar.

Für Fragen und Anregungen
info@rivaverlag.de

Wichtiger Hinweis
Ausschließlich zum Zweck der besseren Lesbarkeit wurde auf eine genderspezifische Schreibweise sowie eine Mehrfachbezeichnung verzichtet. Alle personenbezogenen Bezeichnungen sind somit geschlechtsneutral zu verstehen.

Originalausgabe
1. Auflage 2023

Türkenstraße 89
80799 München
Tel.: 089 651285-0
Fax: 089 652096

Redaktion: Caroline Kazianka
Umschlaggestaltung: Marc-Torben Fischer, Danny Kötter, Tobias Pongratz
Umschlagabbildung: Danny Kötter
Satz: Satzwerk Huber, Germering
Druck: CPI books GmbH, Leck
Printed in the EU

ISBN Print 978-3-7423-2335-4
ISBN E-Book (PDF) 978-3-7453-2124-1
ISBN E-Book (EPUB, Mobi) 978-3-7453-2125-8

Wir produzieren nachhaltig
www.m-vg.de

Weitere Informationen zum Verlag finden Sie unter

www.rivaverlag.de

Beachten Sie auch unsere weiteren Verlage unter www.m-vg.de

INHALT

Gewidmet meinem Sohn Panik Panzer

GRUSSWORT AN MEINE LESER

Warnung an meine Fans

Es gibt Bücher, die sich nicht dazu eignen, dass man sie liest. Damit könnten der Brockhaus, das Telefonbuch oder die Gelben Seiten gemeint sein, deren Lektüre von Deckel zu Deckel sich schon aufgrund des sperrigen Formates nicht anbietet. Eine Handlung entfaltet sich hier genauso wenig wie ein Lesevergnügen. Aber auch Hegels *Philosophie des Geistes* oder Heideggers *Sein und Zeit* liest niemand ernsthaft, denn sie sind zu kompliziert. Trotzdem reden die Leute darüber und es gilt als schick, sich die alten Schinken aufs Bücherbord zu stellen. Für mich ist das kein Problem!

Ich will hier ganz offen mit euch sein. Dieses Buch eignet sich nicht für eine lang andauernde Lektüre. Wenn ihr es nicht ab und an zur Seite legt, um den Inhalt sacken und wirken zu lassen – etwa auf einem ausgedehnten Spaziergang im Abendrot oder einem knackigen Workout im Fitnessstudio eurer Wahl –, lauft ihr Gefahr, den Faden zu verlieren oder wichtige Details zu übersehen, derer ihr erst beim zweiten oder dritten Durchdenken des Textes gewahr würdet. Wie ein Wein, der erst mit den Jahren reift, dann aber nicht nur geschmacklich, sondern auch preislich an Wert gewinnt, braucht dieses Buch Zeit, um seine wahre Bedeutung zu entfalten. Hierfür müsst ihr es nicht mal lesen. Selbst wenn ihr es ins Bücherregal stellt, wird es euch nützen, Glück und Zufriedenheit vermitteln und auf euren Wegen begleiten.

Solltet ihr vorab schlechte Rezensionen gelesen haben, kann das gar nicht sein. Und auch euch wird dieses Buch gefallen, denn was es enthält, sind die fesselnden Geschichten eines Abenteurers – die Geschichten des jungen, des Jungen und des Mannes Panik Panzer. Meine Geschichten, denn Panik Panzer, das bin ich. Ich bin ein Mann von Format und Stil und stehe mit meinem Namen für dieses Buch. Während ihr geschlafen habt, habe ich nicht geruht, sondern emsig geschrieben. Das ist für mich wichtig, denn ich will in die Geschichte eingehen, und das werde ich auch.

Ein Buch zu schreiben ist immer auch ein Wagnis. Für mich als Abenteurer sind Wagnisse kein Problem. Sie sind mein täglich Brot und ich brauche sie wie die Luft zum Atmen. Ich bin allerdings nicht nur ein Abenteurer, sondern auch ein Künstler und – bei aller Bescheidenheit – ein Genie. Aus diesem Grund gelten für mich andere Regeln als beispielsweise für euch. Etwaige in diesem Buch feststellbare Abweichungen von der regulären, das heißt im Duden festgelegten, Schreibweise erklären sich vor diesem Hintergrund. Ich muss mich nicht an Rechtschreiberegeln halten. Klar? Gut!

Vielleicht ist dieses Buch nicht eure Tasse Tee. Aber dieses Buch ist auch keine Tasse Tee, denn es ist ein Buch. Dieses Buch wird sehr schlechte Rezensionen erhalten, vielleicht habt ihr sogar schon eine gelesen. Davon dürfen wir uns nicht beeinflussen lassen. Wie eben ausgeführt, ist dieses Buch – wenn man es schnell und in komprimiertem Zeitraum liest – eine lehrreiche und angenehme Lektüre. Lest das Buch möglichst schnell, sonst seid ihr dumm, denn nur dumme Leute lesen langsam.

Was ich in diesem Buch sagen werde, wird nicht jedem gefallen. Ich muss es aber tun, denn was ich sage, sind die Wahrheit. Ungeschönt und schnörkellos werde ich berichten, was der Fall ist. 100 Prozent. Ich werde die Dinge auf den Punkt bringen und aussprechen, was sich sonst keiner zu sagen traut. Aber trotzdem bewegt sich dieses Buch auf dem Boden der freiheitlich-demokratischen Grundordnung. Aus diesem Grund sind einige delikate Passagen nachträglich geschwärzt worden. Lasst es mich mal so ausdrücken: Mit diesem Buch hast du nicht viele Freunde, doch die, die du hast, teilen deine Träume.

Und nun viel Freude beim Schmökern der Geschichten aus dem Leben eines Abenteurers. Meinem Leben.

Herzlichst, Ihr Panik Panzer

OH DU FRÖHLICHE

Wie ich zum Mann Panik Panzer wurde

Kinder brauchen Träume. Die Zukunft liegt vor ihnen, doch zugänglich ist sie ihnen nur über ihre Fantasie. Auch ich war einmal ein Kind. Aber das ist lange her. Meine Kindheit fand mit gerade mal anderthalb Jahren ein jähes Ende am 24. Dezember 1986. Für alle Nichtchristen unter Ihnen möchte ich kurz erklären, dass es sich hierbei um den Weihnachtsabend handelt, eines der wichtigsten Feste des christlichen Abendlandes.

Leise rieselte der saure Schnee aus den Wolken auf das Autodach des roten Fiat 900 meiner Eltern, der wie immer unabgeschlossen vor dem Haus in der Friedensstraße parkte. Die Nuklearkatastrophe von Tschernobyl hatte das ganze Jahr über die Schlagzeilen und Nachrichten dominiert, doch an diesem Abend waren alle Sorgen vergessen, denn die ganze Welt hatte sich anlässlich des Heiligen Abends auf einige Stunden Frieden, Freude und Eintracht geeinigt. Durch die Fenster der festlich dekorierten Häuschen des kleinen Aachener Vororts Haaren fiel ein behaglicher Lichtschein, der all die Angst vor den radioaktiv verstrahlten Lebensmitteln für einen Moment vergessen ließ. Beobachtete man das abendliche Treiben durch die Fenster der in Reih und Glied stehenden Fachwerkhäuser, lagen sich glückliche Familien bei Kerzenschein in den Armen.

An dieser Stelle möchte ich noch mit dem Vorurteil aufräumen, dass der Weihnachtsmann eine Erfindung der Coca-Cola Company sei. Coca-Cola hat vieles erfunden, zum Beispiel Coca-Cola, aber nicht den Weihnachtsmann. Später hat Coca-Cola auch die Fanta erfunden, kurz darauf Mezzo Mix und noch etwas später die herrlich spritzige Sprite-Limonade. Coca-Cola ist verantwortlich für Cola Light, Cola Zero, Vanilla Coke und Cherry Coke. Zwar hat Coca-Cola nicht das Mineralwasser erfunden, aber mit Bonaqua eine verdammt starke Marke internationalen Renommees in den Markt eingeführt. Nicht schlecht, Herr Specht!

Unweit meines Elternhauses lag still und starr der kleine Ententeweiher, an dem ich im Sommer des gleichen Jahres versehentlich einige Lausbuben aus meiner Straße zum traurigen Mord an einem friedliebenden Erpel angestiftet hatte. Mit einem abgebrochenen Ast in einem Ölfass rührend, das am Ufer des miefigen Tümpels vor sich hin rostete, hatte ich die Bande von Idioten im Scherz gebeten, man möge mir das Tier bringen, sodass ich eine köstliche Entensuppe zubereiten könne. Das hatten die Jungs nicht als Scherz verstanden. Heute sage ich, das arme Tier hätte nicht getötet werden müssen, denn Tiere haben ein Recht zu leben und der Entenmann hatte uns nichts Böses getan.

Der Weihnachtsgottesdienst startete wie jedes Jahr pünktlich um 18 Uhr und der katholische Pfarrer Schreck hatte mich, meine Familie und die gesamte Kirchengemeinde mit einer rührenden Ansprache zu mehr Nächstenliebe, Barmherzigkeit und Umweltschutz ermahnt. Umweltschutz als Problemkomplex einer nachhaltigen Entwicklung sowie die Herausforderung eines ressourcenschonenden Umgangs mit der Natur waren in der Bibel noch nicht als zentrale Aufgaben der irdischen Existenz herausgestellt worden, dennoch verwies der Kaplan der örtlichen Gemeinde in seinem Vortrag auf deren dringende Notwendigkeit. »Wenn ihr nicht aufpasst«, brüllte der Gottesdiener mit hochrotem Kopf, »wird die Natur euch fertigmachen, ganz genauso wie ihr sie fertigmacht!« – »Das werden wir noch sehen, du Einfaltspinsel«, erwiderte einer meiner Geschwister frech und die Gemeinde lachte über den dummen Kaplan, der sich hier von einem Fünfjährigen die Butter vom Brot nehmen ließ.

Plötzlich gab es einen lauten Knall. Einer meiner älteren Brüder war auf den Treppenstufen der Christuskirche gestolpert und kopfüber in die seit Wochen liebevoll installierte Krippe gefallen. Mit seinem dicken Schädel voran hatte er als Erstes das Jesuskind zertrümmert. Maria, Joseph, Ochs und Esel sowie die heiligen drei Könige gerieten ins Wanken, um schließlich in Zeitlupe umzufallen und mit einem lauten Klirren auf dem Boden zu zerschellen. »Gloria in excelsis deo« stand festlich verschnörkelt auf einer Leinenbanderole, die zwei Engelchen von links nach rechts über die Krippe gespannt hatten, während sie vergnügt in ihre Engelstrompete prusteten. Doch beim unbeholfenen Versuch, sich aus dem Scherbenhaufen zu befreien, stieß mein Bruder auch diese Figuren um und die Banderole riss entzwei.

Mein Bruder Populus, heute ein nicht ganz unbekannter Showzauberer, damals noch ein Kind von höchster Ungeduld und wenig Talent, das meine Eltern durch sein gefürchtetes Potenzial an jähzornigen Wutanfällen fest unter Kontrolle hatte, forderte vehement die Bescherung ein, noch bevor meine Eltern die Kirche fluchtartig verlassen konnten. Er hatte die Absperrung einer kleinen Wendeltreppe durchbrochen und war nach oben zum kirchlichen Orgelspieler vorgedrungen. So saß er nun auf der Empore vor den Orgelpfeifen der Christuskirche, ließ die Beine in der Höhe baumeln und drohte unseren Eltern damit herunterzuspringen, sollten diese nicht in den nächsten Minuten die weihnachtliche Bescherung einleiten. »Ich springe runter, ist mir scheißegal, dann sitzen wir eben gleich in der Notaufnahme«, brüllte das tyrannische Kind über die Köpfe der Kirchengemeinde hinweg. »Raus jetzt mit euch, verpisst euch endlich, ihr verdammten Heiden!!!«, schrie daraufhin der junge Pastor Schreck, der sonst schwer aus der Ruhe zu bringen war. »Weihnachten hin oder her, hier ist jetzt Schluss! Jedes Jahr das Gleiche mit euch! Raus! Raus, sage ich!!«

Das ließen wir uns nicht zweimal sagen, denn die Weihnachtsmesse war sehr langweilig und für die kurzen Aufmerksamkeitsspannen von mir und meinen Brüdern ohnehin nicht geeignet. Froh über die gewonnene Zeit machten wir uns auf den Weg zurück zum Auto. Meine Mutter zündete sich genervt eine Zigarette an. »Ihr Kinder bringt mich noch ins Grab«, seufzte sie.

Obwohl die Kirche nur wenige Meter von der Gründerzeit-Villa entfernt lag, die meine Familie und ich in diesen Tagen bewohnten, griff mein Vater quer über das Armaturenbrett hinweg ins Handschuhfach des roten Fiat 900 und holte den ADAC-Straßenatlas hervor. Er wandte sich zu uns Kindern um und zwinkerte uns freundlich zu. »Sicher ist sicher! Lieber einmal zu viel als einmal zu wenig nachgesehen!« Mit quietschenden Reifen setzte sich der Kleinbus in Bewegung. »Papa, mach die Heizung an!«, befahl ich meinem Erziehungsberechtigten. Kurz darauf waberten Schwaden grauen Zigarettenrauches durch das Fahrzeuginnere.

Der Wagen ruckelte, als wir über die von Schlaglöchern übersäte Straße fuhren. Meine Mutter hatte sich zwei weitere Zigaretten angezündet, die sie nun gleichzeitig rauchte. Die Rauchschwaden machten mir das Atmen schwer und ich wippte unruhig in meinem Kindersitz hin und her. Langsam und folternd kroch die Übelkeit in mir hoch, bis ich es schließlich nicht mehr aushielt und mich fontänenartig über meine Brüder erbrach, die sich längst ihrer Anschnallgurte entledigt und auf den hinteren Bänken des Kleinbusses die Anarchie ausgerufen hatten.

»Bah, du Ekelhafter!«, schrie mein Vater entsetzt, während er das Ausmaß meines Malheurs überblickte. Als die Familienkutsche kurze Zeit später vor unserem weihnachtlich dekorierten Haus hielt, zog er ein besudeltes Kind nach dem anderen aus dem Wageninneren. Mir wurde schwarz vor Augen.

Jede Familie hat ihre eigene Weihnachtstradition. Während die einen Jahr für Jahr ihre unliebsame Verwandtschaft einbestellen und die ungebetenen Gäste nur mit Unmengen Alkohol ertragen, haben andere sich vorsorglich aller Freunde und Verwandten entledigt und begehen den Weihnachtsabend traditionell einsam und allein. Manche Familien frönen dem Wichteln, andere ertränken sich gegenseitig in Kubikmetern von Geschenken, wieder andere haben sich gegen den Konsumzwang entschieden und erleben den Weihnachtsabend in innerer Einkehr oder surfen im Internet. Für viele Familien ist der Heilige Abend ohne Streit nicht vollkommen, manche Familien veranstalten ein Fondue, andere servieren traditionell Kartoffelsalat und Würstchen. In meiner Familie gab es immer all das auf einmal.

Der Höhepunkt eines jeden Weihnachtsfestes meiner Familie waren die Darbietungen meines Vaters. Den ganzen Sommer lang hatte der liebe Mann in seiner Schreibstube mit dem Verfassen von Weihnachtsgedichten verbracht, die er nun seiner Frau und den Kindern unter dem festlich geschmückten Tannenbaum vortrug. Die Gedichte trugen eine sozialkritische Note und problematisierten die fortschreitende Kommerzialisierung des Weihnachtsfestes. Sie regten uns Kinder zum Nachdenken an und inspirierten unsere Mutter. Heute bin ich meinem Vater dankbar, denn ich hatte eine wunderschöne Kindheit.

Zu diesem Weihnachtsfest bekam mein ältester Bruder eine Baustelle von Playmobil. Mein zweitältester Bruder erhielt einen Kinogutschein für einen Film ab 12. Populus, der Zauberer, wurde mit einer Ritterrüstung bedacht. Und der mir altersmäßig am nächsten Stehende kriegte einen Chemiekasten. Selig spielten die Geschwister im behaglichen Schein der Kerzen des Weihnachtsbaumes.

All diese Schilderungen, liebe Leserinnen und Leser, kann ich Ihnen nun leider nicht aus erster Hand übermitteln, denn ich war gar nicht dabei. Vielleicht erinnern Sie sich an die eben beschriebene Szene, in der mein Vater die besudelten Kinder aus dem Auto gezogen hat. Sollten Sie sich nicht daran erinnern, blättern Sie bitte drei Seiten zurück und lesen Sie die Stelle gefälligst noch mal. Ich kann hier ja nicht alles für Sie vorkauen, und wenn Sie sich nicht konzentrieren, macht das hier alles gar keinen Sinn mehr und Sie verlieren den Faden. Egal.

Er zog also alle Kinder aus dem Auto. Nur mich vergaß er dort. »Papa, wo bist du?«, fragte ich nach kurzer Zeit mit trauriger Stimme in die Dunkelheit des Fahrzeuginneren. Es hatte wieder zu schneien begonnen und die Schneeflocken verdichteten sich zu einem Schneeteppich, der sich langsam über die Scheiben des Kleinbusses legte und das moderne Interieur abkühlte. Nur der Gestank des qualmenden Aschenbechers erinnerte noch daran, dass meine Familie und ich bis vor Kurzem gemeinsam in diesem Fahrzeug verweilt hatten.

Schon als Kind war mir nie langweilig und so wusste ich die unverhofft aufgekommene Einsamkeit gut zu nutzen, indem ich mir komplizierte Rechenaufgaben stellte und mein absolutes Gehör schulte. Zu diesem Zweck stieß ich schrille Töne aus, die in der ausgestorbenen Straße des Aachener Vorortes Haaren verhallten. Mit der Kraft meiner Gedanken versuchte ich, den Schaltknüppel des Fahrzeugs zu bewegen. Es gelang mir ohne Probleme.

Plötzlich klopfte es an die Scheibe. Ich fuhr herum. Ein rotgesichtiger Mann mit einem weißen Rauschebart presste seine

Nasenspitze gegen die Scheibe. »Finger weg von meinem Auto!«, schrie ich das Schwein an. Der freundlich winkende Störenfried kam mir gerade recht. »Hilfe! Man hat mich in diesem Auto vergessen und nun warte ich die ganze Zeit, bis man mich reinholt. Es ist bestimmt nur ein Missverständnis oder eine Art Mutprobe, aber man kann ja nie wissen.« Der Opa mit dem roten Anzug schien den Ernst der Lage nicht zu verstehen. »Bruder, du weißt«, setzte er immer noch winkend zu einer Erklärung an, »ich bin der Weihnachtsmann, und das heißt, dass ich gerade heute verpflichtet bin, dir zu helfen. Aber das heißt nicht«, wiegelte er ab, »dass ich mich hier vor allen Leuten zum Larry machen muss. Ich bin nicht ein Idiot. Wie stellst du dir das bitte vor? Wahrscheinlich gar nicht, denn du bist erst ein Jahr, du fette Sau!« Meine Augen wurden glasig. »Gegen mich bist du nichts. Du kannst froh sein, dass ich nicht zu dir reinkomme. Dann könntest du was erleben. Wenn ich nicht beruflich hier wäre, hätte ich dir schon längst eine gezimmert. Ich bin froh, dass ich keinen Sohn habe wie dich. Und wenn ich einen hätte, würde ich ihn auch im Auto vergessen.«

So ging es stundenlang weiter. Der bärtige Mann schimpfte wie ein Rohrspatz und wurde dabei nur durch die Glocken des nahe gelegenen Kirchturms unterbrochen, die zur Viertel- zur halben, zur Dreiviertel- und zur vollen Stunde die Zeit angaben. Es wurde sieben. Es wurde acht. Neun, zehn, elf Uhr. Ich muss eingeschlafen sein, aber als ich gegen 5:34 Uhr wieder aufwachte, war der Nikolaus immer noch da und schrie und wütete vor dem Autofenster. Schließlich zog er doch von dannen und ich atmete erleichtert auf. Gleichzeitig vermisste ich den gutmütigen Fettsack, denn er war mir in unserer kurzen gemeinsamen Zeit schnell ans Herz gewachsen.

Mit Schrecken betrachtete ich die Szenerie. Der Nikolaus hatte eine Schneise der Verwüstung in unsere Auffahrt und den kleinen Vorgarten unserer Gründerzeit-Villa geschlagen. Mit seinen schweren Stiefeln hatte die cholerische Sau das von Mutter sorgfältig gejätete Blumenbeet einfach zertrampelt. Dem Gewicht des Heiligen hatten die Stiefmütterchen, Tulpen und Rosen unmöglich standhalten können. Übrig geblieben war nur ein Haufen ausgerupften Unkrauts. So stellte ich mir die Hölle vor.

»Mein junger Panik Panzer, da bist du ja«, riss mich die liebliche Stimme meiner ehrwürdigen Mutter aus dem Schlaf. »Da hast du uns ja einen gehörigen Schrecken eingejagt. Einfach die ganze Nacht im Auto zu bleiben, was denkst du dir dabei?«, schrie sie mich liebevoll an. Ich versuchte, ihr zu antworten oder mich zu bewegen, doch es funktionierte nicht. Die kalten Temperaturen hatten meine Gliedmaßen einfrieren lassen, so wie die Pumuckeltorte im Kühlraum eines Bofrost-LKWs.

»Du musst wieder auf die Beine kommen, mein Junge«, sagte Mutter, »hier hast du fünf Mark. Hol mir mal 'ne Packung Ziesen, aber bisschen plötzlich! HB!« Ich wimmerte: »Mama, warum habt ihr mich alleingelassen?« Doch sie war bereits wieder im Innern unseres Hauses verschwunden. Mit aller Kraft zerrte ich an den Gurten meines Kindersitzes. Ich durfte meine Mutter jetzt nicht enttäuschen, denn sie brauchte mich. Sie war schwer nikotinabhängig und jede Minute ohne eine ihrer geliebten Glimmstängel bedeutete für die arme Frau einen schrecklichen, schier unaushaltbaren Suchtdruck.

Mit aller mir als Einjährigem verfügbaren Muskelkraft zerriss ich den Anschnallgurt. Im Hechtsprung zerbrach ich die unter meinem Einschlag in tausend Stücke zerberstende Autofensterscheibe und eilte im Stechschritt zum nächsten Zigarettenautomaten. Blut lief mir in die weit aufgerissenen Augen, doch das Adrenalin ließ alle Schmerzen verstummen. Mutter brauchte mich jetzt. Und ich würde sie nicht enttäuschen. Nicht jetzt und niemals.

Als meine kindlichen Muskeln die Polyesterfäden der Vergurtung durchtrennten, markierte dies nicht nur das Ende der Funktionstüchtigkeit des Sicherheitsgurtes, sondern auch das Ende meiner Kindheit. Bereits im zarten Kindesalter von einem Jahr wurde ich zum Mann. Manche Männer erhalten sich das innere Kind. Andere Kinder werden niemals zum Mann. Wieder andere Kinder sind nicht mal richtige Kinder. Doch mir hatte das Schicksal schon früh die Mannesprüfung auferlegt und diese Prüfung hatte ich gemeistert. Hatte der Nikolaus mir nicht allen Grund gegeben, die Flinte, wie man so sagt, ins Korn zu werfen? In der kältesten Weihnachtsnacht, die mein geliebtes Aachen je erlebte, beschloss ich, niemals aufzugeben. Egal was die anderen sagen. Immer mein Ding machen. Das war, was ab nun zählte, und ich wusste, was zu tun ist.

Was, liebe Leserinnen und Leser, will ich euch und Ihnen – denn ich kenne wahrscheinlich nicht alle hier persönlich – mit diesen Worten sagen? Also: Ich gebe immer 100 Prozent. Sollte es nötig sein, gerne auch mal mehr. Die 100 Prozent sind ein Mittelwert, der zustande kommt, weil er die durchschnittliche Ausprägung einer Grundgesamtheit abbildet. Aber das versteht ihr Idioten natürlich wieder nicht. Egal. Gebt einfach im Mittel immer 100 Prozent, dann macht ihr alles richtig.

SCHWARZ, ROT, GRÜN

Warum ich Mitglied in allen Parteien bin

Die meisten Leser wissen, dass mein Herz links schlägt. Wenn ich sage, dass mein Herz links schlägt, dann rede ich nicht von einer anatomischen Beschaffenheit, denn tatsächlich zeichnet mich eine körperliche Anomalie aus. Lacht bitte nicht über mich, aber mein Herzmuskel befindet sich auf der rechten Körperseite. Meine Organe sind spiegelverkehrt. Wenn ich sage, dass mein Herz links schlägt, dann meine ich, dass ich eine linke Socke bin. Was aber die wenigsten wissen, ist, dass ich auch konservativ bin. Und dass ich ein Liberaler bin. Gerade Liberale werden in unseren Zeiten angefeindet, und das ist auch gut so. Denn im legitimen Wettstreit der Positionen entfaltet die Parteiendemokratie ihr politisches Potenzial. Die liberale Öffentlichkeit ist ein hohes Gut und die Luft zum Atmen einer gesunden Demokratie. Ich zahle meine Steuern und lese jeden Morgen die Zeitung, um mich über die Vorgänge in Staat, Gesellschaft und Kultur, aber auch über neue wirtschaftliche Entwicklungen zu informieren. Das ist oberste Bürgerpflicht und sollte selbstverständlich sein, denn wir leben in der Moderne und nicht im Mittelalter.

Ich bin großer Fan von Politik und hier vor allem von der Demokratie. Zugegebenermaßen haben viele Staatsformen etwas für sich. Die absolutistischen Könige hatten beispielsweise sehr kleidsame Perücken. Und auch die Urgesellschaft der Steinzeit ließ den Höhlenmenschen viele Freiheiten. Gegenüber den traditionellen Gesellschaftsformen mag die Demokratie häufig ein wenig blutleer wirken. Demokratie ist aber, das sage ich ebenfalls in aller Deutlichkeit, in Maßen zu genießen, denn wie immer macht auch hier die Dosis das Gift. Angela Merkel hat mit ihrer Rede von der marktkonformen Demokratie auf den Punkt gebracht, worum ich mich schon lange sorge – die Steuerungsfähigkeit sozial- und christdemokratischer Politik unter Bedingungen rapider kapitalistischer Modernisierung.

Die Wurzeln meiner durch und durch politischen Haltung reichen zurück bis an die Anfänge meiner Biografie. Wie ich bereits erwähnte, wuchs ich vaterlos auf. Und auch wenn meine geliebte Mutter Tag ein Tag aus ihr Bestes gab, um die hungrigen Mäuler ihrer vielen Kinder zu stopfen, verging kaum ein Tag, an dem sie uns nicht mit knurrenden Mägen in unsere Kinderbettchen bringen musste. Da der Vater fehlte, musste ich alles selbst erledigen, was sonst Väter tun. Auch wenn ich nichts für überkommene Männlichkeitsmodelle und die patriarchale Weltordnung im Allgemeinen übrig habe, war ich in meiner Familie schon früh der Mann im Haus. Ich reparierte das Auto und ging zum Elternabend meiner eigenen Klasse. Zu Weihnachten verkleidete ich mich als Nikolaus und drang durch den Kamin in unser Haus ein, um meinen Brüdern ihre Geschenke unter den Weihnachtsbaum zu legen. Nur ich ging dabei leer aus, denn ich war zu früh erwachsen geworden.

Die Kindheit als solche ist eine Erfindung der frühen Neuzeit. Im Mittelalter gab es keine Kinder und keinen Erwachsenen. Das glaubt ihr nicht? Dann seht euch die Kinder von heute nur mal an. In ihren Kinderwägen und bunten Kinderkleidern sehen sie aus wie Außerirdische von einem anderen Stern. Im Mittelalter zeichneten die Gesichter der Menschen bereits im frühesten Alter tiefe Furchen. Vom ständigen Arbeiten trugen sie Schwielen an den Händen, sie hatten lange, schmutzige Fingernägel und blickten einander aus trüben, blutunterlaufenen Augen an. So sehen heute nur Vagabunden aus. Egal.

Im Angesicht der Not und Mangelerfahrung meines jungen Alters habe ich mir schon früh ein Versprechen gegeben. Das Versprechen, das ich mir schon früh gegeben habe, lautete wie folgt: Ich habe diese Welt in einem nicht zufriedenstellenden Zustand vorgefunden. Nun will ich, im Rahmen, den die freiheitlich-demokratische Grundordnung uns vorgibt, alles tun, um sie zu einem besseren Ort für dich und mich und alle Menschen zu machen. Das hier ist allerdings keine rechtsverbindliche Zusage. Es handelt sich lediglich um eine Absichtserklärung. Die Anwälte meines geliebten riva Verlages werden sich im Zweifelsfall darum kümmern. Also haltet gefälligst euer Maul!

Meine Weltsicht, meine Ziele und mein politisches Mandat speisten sich seit Kindertagen aus dem Wunsch, den Schwachen zu helfen und den Armen eine frohe Botschaft zu verkünden. Doch diese Botschaft sollte keine religiöse Kunde sein. Es rettet uns kein höheres Wesen, kein Gott, kein Kaiser noch Tribun. Wenn ihr wirklich etwas ändern wollt, dann ruft eine Bürgerinitiative ins Leben oder werdet Mitglied im Ortsverein einer politischen Partei. Dahinter steckt ein einfaches Prinzip: *Think global, act local.*

Eines schönen Tages im Spätsommer 1990, durch das Elfmetertor von Poldi und Schweini waren wir gerade Weltmeister geworden, spazierte ich durch den Ortsteil am Aachener Stadtrand, in dem meine Familie und ich in diesen Tagen unsere Zelte aufgeschlagen hatten. Mit einem Mal erblickten meine kindlichen Augen etwas Schreckliches. Das, was meine kindlichen Augen da mit einem Mal erblickten, war wirklich schrecklich. Mit grell geschminkten Gesichtern und grün und blau gefärbten Haaren starrten mich am Marktplatz ein paar verlotterte Gestalten an. Aus einem Kassettenrekorder plärrte ein ohrenbetäubender Sound, ähnlich dem Klang von 1000 scheppernd übereinanderfallenden Blecheimern. Ich hasste diese Hurensöhne sofort. Da ich aber kein oberflächlicher Mensch bin, entschloss ich mich, den jungen Leuten ein Chance zu geben.

Sorry, ganz kurz: Sind wir nicht alle einmal jung gewesen? Es ist das Vorrecht der Jugend, neue Wege zu beschreiten und auch mal einen Fehler zu machen. Was meinen Sie denn, warum es sonst ein Jugend- und ein Erwachsenenstrafrecht gibt? Es gibt ebenso Gesetze, die gelten nur für Frauen oder Männer. Es gibt Erbrecht, Verkehrsrecht, Faustrecht und die Sharia. Es gibt internationales Recht, Hausrecht, das Recht auf Spaß, das Recht auf Internet. Es gibt auch Rechtsradikale, aber für die ist in dieser Aufzählung kein Platz. Jede dieser Rechtsordnungen ist für sich genommen sinnvoll und hat ihre Zeit und ihren Ort. Genauer möchte ich auf diesen Punkt in einem anderen Buch eingehen.

»Hallo und guten Tag, ihr lieben Punks. Es ist sehr schön, euch hier zu treffen«, stieg ich gut gelaunt in das Gespräch ein, denn es ist wichtig, auch dem größten Arschloch immer freundlich zu begegnen. »Aber müsstet ihr nicht längst in der Schule sein?«, setzte ich interessiert hinzu. »Verpiss dich, Opa!«, blökte einer der Bunthaarigen. »Oder haste mal 'ne Mark? Ich brauche Dosenravioli.« – »Mein Lieber«, fing ich, die Lederjackensau im Stillen verfluchend, an: »Wie schön, dass du fragst!« Innerlich kochte ich vor Wut. Was bildete sich diese dahergelaufene Kanaille eigentlich ein? Das Schwein stank aus dem Maul wie eine halb vergorene Wasserleiche und seine gespreizten Lippen gaben den Blick auf einige eitrige Zahnstummel frei. Die Vogelscheuche sah aus wie eine Mischung aus einem Kriegsversehrten und einem verwesenden Zombie. Ich leckte mir über die frisch implantierte Reihe glänzender Goldzähne, die ich als Privatpatient der Versicherungsgemeinschaft aus den Rippen geleiert hatte. Der normale Bürger wird durchschnittlich in Summe ganze 76 Tage seines Lebens mit Zahnschmerzen geplagt. Keinen einzigen Tag meines Lebens werde ich vergeuden, hatte ich mir kaum der Krabbelphase entkommen vorgenommen und Zeit meines Lebens mein Taschengeld gespart, um dem erlauchten Kreis der privaten Versichertengemeinschaft frühestmöglich beitreten zu können.

»Ausgerechnet heute habe ich meinen Notgroschen nicht bei mir. Dabei esse ich selbst für mein Leben gern Dosenravioli und hätte dir gern geholfen.« – »Dann verpiss dich endlich und geh mir aus der Sonne, du alter Knacker.«

Traurig wandte ich mich zum Gehen und sah aus den Augenwinkeln noch, wie einer der Asozialen eine halb leere Getränkedose der Marke Karlsquell nach mir warf. Zum Glück war die Drecksau so besoffen und unfähig, dass sie nicht mehr richtig zielen konnte. Die Dose verfehlte mich bei Weitem und kullerte nur klackernd in den Rinnstein.

Am Rande des Marktplatzes hatten kleine Gruppen engagierter Bürger mehrere Pavillons aufgebaut. Hier überboten sich junge Menschen in der werbenden Ansprache der Aachener Bürger. »Mehr Demokratie wagen!«, rief ein dicker, langhaariger Mann auf einer kleinen Holzkiste. »Wir brauchen eine geistig-moralische Wende. Deutschland muss wieder zu seiner gewohnten Stärke in der Welt zurückfinden. Das Wichtigste auf diesem Weg kann nur der Umweltschutz sein.« – »Ach nichts da«, unterbrach ihn eine müde Frau im türkisfarbenen Blazer. »Die einzige Chance, Deutschland nach vorne zu bringen, sind eine gemeinsame europäische Währung und die Atomkraft.« – »Elektrifizierung plus Sowjetmacht ebnen uns den Weg in die klassenlose Gesellschaft«, übertönte ein kleiner Mann mit Spitzbart auf einer Trittleiter die anderen. »Für den Kommunismus! Wenn Sie mich wählen, verspreche ich Ihnen, die DDR zurückzubringen!«

»Hilfe!«, rief ich wimmernd, »ich werde angegriffen. Wer mich vor der gnadenlosen Wut dieser frustrierten Jugendlichen schützt, dem verspreche ich meine Erst- und meine Zweitstimme. Das sage ich, so wahr ich Panik Panzer heiße.« Dass ich erst fünf und somit gar nicht wahlberechtigt war, musste ich diesen Einfaltspinseln ja nicht gleich unter die Nase reiben. »Arbeitsscheues Gesindel, lasst ab von dem Jungen Panik Panzer«, brüllte der spitzbärtige Kommunist und feuerte einen Warnschuss aus seinem Spazierstock ab. Die blazertragende Schlaftablette machte sich an ihrer Handtasche zu schaffen und zog ein schwarzes Plastikei hervor, das entfernt einer Granate ähnelte. »Was das hier ist, wollt ihr sicher wissen«, donnerte sie den verdutzten Angreifern entgegen. »Was das ist, spielt keine Rolle. Aber ich stelle euch die Frage: Wer von euch kann ausschließen, dass es sich um eine Granate handelt?« Die Punker kratzten sich am Kopf. »Nun ja, ausschließen können wir das natürlich nicht.« – »Eben«, setzte der langhaarige Obelix hinzu. Er war wirklich ziemlich dick. »Nein, das könnt ihr auch nicht«, fuhr er fort, »und jetzt seht zu, dass ihr Land gewinnt, bevor ich euch Beine mache.« Hochgeschlagen zogen die Punker sich zurück und nahmen die Leichen ihrer Freunde mit. Schon morgen würde all dies vergessen sein, doch heute gehörte der Triumph nur einem: Mir. Dem Jungen Panik Panzer.

»Das habt ihr gut gemacht, vielen Dank!«, gratulierte ich meinen Helfern. »Da ich das Wahlgeheimnis für ein hohes Gut halte, kann ich leider nicht sagen, wem meine Stimme zukommen wird. Aber so viel vielleicht, euer Schaden soll es nicht sein«, führte ich wahrheitsgemäß aus. »Als Zeichen meiner Verbundenheit und auch mit Blick auf Business Opportunities, die sich aus dieser Situation ergeben könnten, möchte ich all euren Parteien beitreten.«

An diesem Tag wurde ich Mitglied der CDU, der SPD, der Grünen, der FDP und der WASG. Außerdem wurde ich Mitglied der APPD, der Tierschutzpartei, der DVU, der Violetten, der Autofahrerpartei, der NPD, der Partei Die Rechte, der Partei Die Linke, der britischen Labor Party, der bayrischen CSU und am Ende, um zu zeigen, dass ich den ganzen Quatsch durchaus auch mit einem Augenzwinkern zu sehen imstande war, auch der satirischen Spaßpartei Die Partei. Lasst euch von mir als altem Hasen eine Sache gesagt sein. Die Politik ist ein Haifischbecken und ihr müsst euch nach allen Seiten absichern. Damit meine ich nicht nur die seitlichen Seiten, sondern auch unten und oben. Wenn ihr noch mehr Seiten findet, dann auch diese Seiten. Wenn ihr das nicht tut, seid ihr schneller weg vom Fenster, als es euch lieb sein dürfte. Außer es ist euch lieb, schnell weg vom Fenster zu sein, dann sichert euch nicht ab. Mit der Politik ist es, wie dies ein ehemaliger Außenminister der Sozialdemokratischen Partei Deutschlands bei einem Vortrag im Ehrenfelder Bürgerhaus sagte, wie mit einer zu kurzen Decke. Entweder du hast kalte Füße oder du hast eine kalte Nase. Zielkonflikte bestimmen das Tagesgeschäft politischen Handelns. Dies sollte mir nur zu schmerzlich bewusst werden, als ich als Gouverneur des Bundesstaates Oklahoma auf Druck der lokalen Bürgerrechtsbewegung die Todesstrafe abschaffen musste, aber das ist eine andere Geschichte, die hier nichts zur Sache tut.

Eine weitere andere Geschichte ist die mit der Sozialistischen Alternative (SAV). Anders als das Ding in Oklahoma tut die Geschichte mit der SAV sehr wohl etwas zu Sache, denn die einzige Partei, in der ich niemals Mitglied wurde, ist die SAV. Selbst nach dem hinterhältigen Punker-Attentat auf den fünfjährigen Panik Panzer, als ich Mitglied aller Parteien wurde, sparte ich die Mitgliedschaft bei der SAV aus. Schon damals muss ich geahnt haben, dass unter dem Deckmantel der ulkigen Trotzkisten-Truppe eine neonazistische Terroristenvereinigung am Werk war.

Anfang der 2000er-Jahre beschloss ich mit einigen Genossen, dem verlogenen Treiben der verfassungsfeindlichen Sozialistischen Alternative ein Ende zu setzen. Wir waren jung und Politik war unser Ding. Antifa heißt Angriff, das wussten wir. Campino, Farin Urlaub und Wolfgang Nideggen hatten uns für Grundprobleme im Verhältnis von Sonderinteressen und Gemeinwohl sensibilisiert. »Arsch huh, Zäng ussenander«, denn es ist nicht deine Schuld, dass die Welt ist, wie sie ist, es wäre nur deine Schuld, wenn sie so bleibt – so hatten wir es gelernt und so wollten wir es nun in die Tat umsetzen. Allein fehlte uns für unsere politische Ambition eine Zielscheibe. Ein dummer August. Einfach ein Depp, mit dem man es machen konnte. Da kamen uns die Aktivisten der SAV gerade recht, denn sie blamierten sich, wo sie gingen und standen. Würden wir uns an ihnen vergehen, konnten wir sicher sein, dass uns niemand würde zur Rechenschaft ziehen wollen.

Am Abend des Gründonnerstags machten wir uns gemeinsam auf den Weg. Die Sozialisten tagten in einem modernen Bürogebäudekomplex hinter der Josefskirche, einem sozialen Brennpunkt meiner ansonsten wirklich sehr schönen Kaiserstadt. Da die Mitglieder der SAV sehr schlecht gekleidet und allgemein nicht von besonders ansprechender Erscheinung waren, fiel es uns nicht schwer, uns beim Pförtner ebenfalls als Mitglieder der Politsekte auszugeben. »Rotfront, Genosse! Wir möchten gern die wöchentliche Gruppensitzung besuchen«, log mein Bruder dem Sicherheitsdienstleister am Eingang ins Gesicht. »Welche Gruppe?«, erwiderte der Pförtner schroff. »Na die SAV natürlich!« Schlagartig erhellten sich die Gesichtszüge des Security-Beamten. »Dann nichts wie rein in die gute Stube. Die Genossen sind schon seit über einer halben Stunde zugange!«

Der Sicherheitsmann nahm eine Fackel aus einer in der Wand befestigten Halterung und führte uns durch einen langen Gang, der schließlich in eine steile Wendeltreppe mündete. »So, Jungs, hoch müsst ihr alleine. Die Erklärung ist einfach: Ich bin zu fett und passe da nicht durch«, verabschiedete sich der Türsteher. Wir zwängten uns durch die grotesk enge Tür. Was unsere Augen hinter dieser Tür erblickten, überstieg unsere kühnsten Vorstellungen.

Ich habe schon vieles gesehen. Beispielsweise habe ich Pferde kotzen gesehen. Ich habe gesehen, wie ein Alligator eine Bisamratte aus dem hungrigen Schnabel eines Pelikans vor dem sicheren Tod rettete. Ich habe Ufos und Aliens gesehen. Ich habe 1998 gesehen, wie der deutsche Radrennsportler Jan Ullrich die Tour de France gewann, ohne zu dopen. Und ich habe Silbermond in Bad Kissingen live gesehen.

Gleichzeitig muss ich gestehen, dass ich auch vieles nicht gesehen habe. Beispielsweise habe ich noch nie gesehen, wie ein Kobold mit einer lustigen Papiertröte auf einer stark befahrenen Kreuzung tanzt. Ich habe noch nie Britney Spears gesehen. Und auch ihre Kinder habe ich noch nicht gesehen. Folglich habe ich auch nicht gesehen, wie Britney Spears ihre Kinder von der Grundschule abholt.

Was ich damals hinter der Josefskirche gesehen habe, ist hier nicht von Belang. Wichtig ist nur, dass es unser festes Vorhaben, der Truppe tüchtig auf die Pelle zu rücken, gehörig ins Wanken brachte. »Ihr Schweine!«, schrie ich und trat wütend gegen einen kleinen Plastikeimer, welcher mit Urin und benutzten Taschentüchern gefüllt war. Als stinkende ockergelbe Pfütze ergoss sich der Inhalt über den roten Teppichboden des trotzkistischen Politbüros. »Das habt ihr nun davon, ihr scheiß Nazis!«, rief mein Zauberer-Bruder Populus.

»Es reicht, jetzt rufe ich Erwin an!«, quietschte der Anführer der Trotzkisten und rief Erwin an. »Passt bloß auf, Leute! Er hat Erwin angerufen. Erwin ist großer Österreich-Fan. Deshalb mag er Wien. Get it? Hahahahaha!« Wir spaßten ausgelassen und ergötzten uns an der Hilflosigkeit der trotzkistischen Genossen. Was dann passierte, ist schnell erzählt. Erwin, eine 3,40 Meter große Brünette, trug einen Taucheranzug, ein rotes Halstuch und einen Zylinder. Ohne lange zu fackeln, betrat sie das Innere des Politbüros und schlug uns mit einem Barhocker nieder. Wie ich an diesem Tag nach Hause gekommen bin, weiß ich nicht mehr.

Heute würde mir so etwas nicht mehr passieren, denn ich weiß, Gewalt spielt im demokratischen Prozess keinerlei Rolle. Es gibt Leute, die sagen, wenn Wahlen etwas ändern würden, dann wären sie verboten. Über so viel Defätismus kann ich nur den Kopf schütteln. Bevor ihr mit eurem Verbalradikalismus Kapriolen schlagt, geht doch gleich nach Nordkorea. Ich könnte es euch nicht verdenken, war ich doch in meinen jungen Jahren selbst Mitglied in einer terroristischen Terrororganisation.

Alle anderen, die sich gegen diesen Weg entscheiden, lade ich ein, mir zu folgen. Was will ich euch damit sagen? Das menschliche Leben ist, wie dies Thomas Hobbes im Angesicht des Dreißigjährigen Krieges formulierte, ein Krieg aller gegen alle. Der Mensch ist dem Menschen ein Wolf. Aus dem kriegerischen Naturzustand kann den Menschen nur der Mensch selbst herausleiten. Dies geschieht gemeinhin über die verfassungsgebende Versammlung und den Parlamentarismus. Es genügt nicht, immer nur auf die eine Seite des Zauberwürfels zu schauen. Sonst ist man farbenblind. Und, ganz ehrlich, wer von euch hat schon ernsthaft Bock, farbenblind zu sein? Es ist nicht alles schwarz. Es ist aber auch nicht alles weiß. Es gibt viele Farben, von A wie Anthrazit bis Z wie Zitronengelb. Grün ist nicht gleich Grün. Es gibt Giftgrün, Tannengrün, Pistaziengrün, Waldgrün, Dunkelgrün, Neongrün und viele weitere Grüntöne.

Indem ich Mitglied in allen Parteien geworden war, wurde ich das, was unsere Gesellschaft in diesen schwierigen Zeiten am dringendsten braucht – eine Integrationsfigur. Als ich jung war, wollte ich mit dem Kopf durch die Wand. Ich war ungestüm. Und weil alles seine Zeit hat, war das auch gut so. Nun werden einige Leser sich fragen, wie das sein kann, denn eingangs habe ich ja dargestellt, dass ich nie jung gewesen bin. Die Wahrheit ist, dass immer beide Seiten recht haben. Denkt mal darüber nach!

ICH WERDE FEUERWEHRMANN

Wie ich als kleiner Mann die Leistungsspange erhielt

Viele Kinder haben einen Traum. Wenn ich sage: »Viele Kinder haben einen Traum«, dann meine ich damit nicht, dass sie nachts in ihren Kinderbettchen liegen und von Popcorn, Schokolade oder bunt geschmückten Zirkuspferden träumen. Ich meine damit, dass sie ihre erwerbsbiografische Zukunft planen. Sie wissen: Arbeit ist das halbe Leben und da sollte nichts dem Zufall überlassen werden. Manche Kinder wollen Polizisten werden. Andere möchten Cowboys, Clowns oder Ritter werden. Der Begriff des Berufs bezeichnet spezifische und typische, sozial standardisierte Tätigkeitsbündel, die sich auf spezifische Positionen im Arbeitsmarkt beziehen.

Ihr werdet nicht glauben, was auf Platz 1 der offiziell beliebtesten Berufswünsche der Kinder ist: Fußballstar! Manche Kinder wollen Lokomotivführer oder Löwenbändiger werden, andere Astronaut oder LKW-Fahrer. Es gibt Kinder, die wollen Pirat werden. Andere lieber Koch. Und es gibt Kinder, die möchten Prinzessin werden. Seiltänzerin, Zauberer, Rockmusiker und Schiffskapitän sind weitere gängige Zielvorstellungen für den Einstieg in den Arbeitsmarkt. Der am weitesten verbreitete Berufswunsch unter Kindern ist der des Feuerwehrmannes.

Es war ein Tag wie jeder andere irgendwo im südlichen Hessen. An den Rändern der kleinen Ortschaft Bickenbach an der Bergstraße erstreckte sich ein fruchtbares Tal bis zum Fuße des Melibokus. Links und rechts der Bundesstraße 3 murmelten kleine Bächlein, die sich aus den Quellen im Vulkangestein des nahe gelegenen Odenwaldes – eines deutschen Mittelgebirges – speisten. Auf einem silbernen Fahrrad der Marke Nishiki fuhr ich, der junge Panik Panzer, meine tägliche Kontrollrunde. Das Fahrradfahren war mir über die Jahre ans Herz gewachsen. Ich liebte mein Fahrrad und mein Fahrrad liebte mich. Auf dem Gepäckträger hatte ich einen bunten Kassettenrekorder der Marke Sony fixiert, auf dem ich meine Lieblingsmusik in voller Lautstärke abspielte. Schon damals muss ich damit mächtig Eindruck gemacht haben. Die Bäuerinnen und Bauern links und rechts der Straße winkten mir freudig zu und ich schenkte ihnen mein freundlichstes Lächeln. Ich war jung und das Leben stand mir offen, genau wie das sonnendurchflutete Tal zu den Füßen des Melibokus.

1991 war für Rap ein wichtiges Jahr. Und wenn ich das sage, dann meine ich damit nicht nur Torch, Toni L oder die Fantas aus Benztown. Rap kommt aus Amerika, ihr Vollidioten!!! Wenn ich sage: »Rap kommt aus Amerika, ihr Vollidioten!!!«, dann rede ich von der Westcoast. N.W.A., die Rap-Supergroup um den Ausnahmemusiker Arabian Prince, hatte mit ihrem Album *Straight Outta Compton* die Bronx endgültig auf die Map gesetzt. Meine Damen und Herren, *Gangstarap has entered the building* und ist hier, um zu bleiben!

Hip-Hop hatte die vier Elemente in einer Welle der Euphorie über den großen Teich von L. A. bis nach Bickenbach schwappen lassen. Und so schallte es nun aus meinen Boxen »Straight Outta Compton, crazy motherfucker named Ice Cube«. Verzaubert lauschte ich den Klängen. Papa hatte die Kette des Nishiki frisch geschmiert und so düste ich wie ein geölter Blitz über die Pfade und Wege des Bickenbacher Tals, immer in Richtung des Erlensees.

Ihr fragt euch, was der Erlensee ist? Der Erlensee ist ein kleines künstliches Stillgewässer in Bickenbach. Der See ist circa 700 Meter lang und etwa 150 Meter breit. Im Brutgebiet des Erlensees herrscht eine bunte Vielfalt verschiedenster Tierarten – Molche, Milane, Rackelhähne, Enten und Wildgänse, ja sogar einige Nagetiere hatten sich dort niedergelassen, seit einer meiner Brüder seine Ratte dort ausgesetzt hatte. Plötzlich horchte ich auf. Ein Geräusch, nagend und ungewohnt, riss mich aus meinen Gedanken. Ein lang gezogener Ton, wie ein heulender Windstoß, der durch die Spalte einer Schlucht oder die Fensterrahmen eines verfallenen Hauses fährt, wuchs langsam heran. Binnen kurzer Zeit wandelte sich das weit entfernte Heulen und Quietschen zu einem infernalischen Getöse. Der Himmel verdunkelte sich und die Tiere des Erlensees zogen sich rasch in ihre unter- und überirdischen Behausungen zurück. Und dann sah ich sie!

Habe ich eigentlich schon erzählt, wie ich Fahrradfahren gelernt habe? »Heute lernst du Fahrradfahren, Junge!«, sagte mein Vater am Frühstückstisch. Mein Vater war ein strenger Mann. Was er sagte, galt, und an Widerspruch war nicht zu denken. Während ich noch an meinem Croissant – belegt mit Schinken, Käse, Bohnen, Schinken, Zwiebeln und mit Remoulade bestrichen – kaute, versuchte ich mir auszumalen, wie sich mein Leben nun ändern würde. Leider fehlte mir hierzu aber die Fantasie.

Mein Geburtshaus war in unmittelbarer Nähe eines Wendekreises errichtet worden. Hier hatten sich meine Brüder die Kunst des Fahrradfahrens angeeignet. Und nun sollte auch ich das Antreiben und Steuern des Velozipeds erlernen. Mein Vater hatte ein pädagogisches Konzept entwickelt, das es ihm ermöglichte, die Ausbildung der Kinder zeitökonomisch zu gestalten. Während der Paterfamilias mittel- und langfristige Richtungsentscheide vorgab, wurde die operative Erziehung dem jeweils älteren Bruder überantwortet. So lernten zumindest meine älteren Brüder früh, Verantwortung zu übernehmen. Nur ich blieb unbekümmert.

Ich komme zurück zum Getöse: Keine Metapher kann beschreiben, was sich vor meinen Augen nun abspielen sollte. Es waren Feuerwehrautos der Marke Magirus Deutz, die sich mit der Wucht einer Panzerdivision wie Mähdrescher einen Weg durch die Gersten-, Weizen-, Roggen- und Rapsfelder bahnten. Obwohl ich so etwas noch nie gesehen hatte, wusste ich natürlich sofort, worum es ging. Hastig griff ich in die Tasche meiner College-Jacke und suchte nach meinem Fotoapparat, doch ich hatte ihn vergessen. Egal. Geistesgegenwärtig heftete ich mich an ihre Fersen.

Hier würde jetzt was passieren: Ich ahnte, dass das, was nun passieren würde, einen Meilenstein in der Katastrophengeschichte der frisch vereinigten Bundesrepublik markieren würde – der Brand im Pfungstädter Moor. Lichterloh loderten die Flammen und eine kilometerhohe tiefschwarze Rauchsäule verdunkelte den Himmel. Ein absolutes Hölleninferno. Die Natur kann sehr schön sein, aber auch grausam. Doch davon durften sich die Feuerwehrleute nun nicht den Schneid abkaufen lassen. Sie verstanden ihr Handwerk, und wer ihnen etwas vormachen wollte, der musste früher aufstehen, als dieser Brand es jemals hätte tun können.

Nur wenige Meter vor der Feuerwand brachten die Fahrer ihre purpurroten Stahlkolosse zum Stehen. Einige uniformierte und einige muskelbepackte Feuerwehrmänner mit freiem Oberkörper sprangen herab. »Auf geht's Männer, jetzt wird hier gelöscht!«, rief der blond gelockte Feuerwehrhauptmann, der auf mich wirkte wie eine Mischung aus He-Man, Eazy E und einem Engel. Aus Minuten wurden Stunden. Mit heruntergelassener Kinnlade verfolgte ich das wilde Gespritze. Die vier Elemente fusionierten zu einer energetischen Säule, wenn ihr versteht, was ich meine.

Weil ich den Feuerwehrleuten hier und da zur Hand gehen konnte, behielt man mich in guter Erinnerung. Und so konnte die mich wenige Tage später erreichende Einladung bei mir nur wenig Überraschung auslösen. Als ich eines Morgens am türkisfarbenen Kleinbus der Marke Subaru vorbei an den Briefkasten meines Elternhauses im Hasengrund trat, wusste ich bereits, dass dort ein an mich, den jungen Panik Panzer, adressiertes Schreiben von der lokalen Feuerwehr liegen würde. Im papiernen Umschlag befand sich eine in Goldbuchstaben gedruckte Einladung zur Teilnahme am Wettkampf zum Erhalt der Leistungsspange. Zur Mittagszeit des folgenden Tages, so hieß es dort, würde einer der Kollegen mich zum Wettkampf abholen.

Als die Sonne am folgenden Tag ihren Höchststand erreicht hatte, trat ich – wie mir geheißen – auf den Bürgersteig vor das Haus meiner Eltern. »Wurde auch Zeit, mein Lieber«, rief mir einer der Männer, die ich kurz zuvor noch in ihrem Einsatz unterstützt hatte, freundlich zu. »Ich bin Bauch, Feuerwehrhauptmann, aber wir kennen uns ja schon. Ich bin gekommen, um dich für den Wettkampf zum Erhalt der Leistungsspange abzuholen. Aber vorher hab ich noch was für dich!« Am Lenker seines Mofas baumelte an einem Lederriemen ein pistazienfarbener Feuerwehrhelm, den er mir mit den Worten »Probier den mal an« zuwarf und ich mit dem Kopf fing. Dass ich den Wettkampf mit Abstand gewann und nicht nur Ehrenbürger des Dorfes Bickenbach, sondern auch der jüngste Feuerwehrmann Hessens wurde, will ich hier gar nicht weiter ausführen. Erlaubt seien mir nur ein paar Bemerkungen.

Bickenbach war schon damals und ist bis heute ein Schandfleck auf der Oberfläche der hessischen Provinz. Zum Glück wissen nicht viele Leute von Bickenbach, sodass sich der Schaden in Grenzen hält. Umgeben von schillernden Örtlichkeiten wie Pfungstadt, das nicht nur für sein Moor, sondern auch für sein köstliches Pfungstädter Bier bekannt ist, Zwingenberg, in dessen Stadtzentrum jährlich Tausende Menschen zum allseits beliebten Winzerfest strömen, oder Alsbach, das mit dem POM-BÄR einen der beliebtesten Snacks der Deutschen hervorgebracht hat, ist Bickenbach einfach scheiße. Im Prinzip wäre es gar nicht schlimm, wenn die Stadt einfach abgebrannt wäre. Dessen waren und sind sich die Bewohner auch bewusst. Die örtliche Grundschule war asbestverseucht. Die spärlichen Spielplätze waren marode und von uns Kindern nur unter größter Lebensgefahr zu nutzen. In den umliegenden Wäldern trieben Mörder und Kinderschänder im Unterholz ihr Unwesen. Das Wetter war immer schlecht und ein bestialischer Gestank machte den Menschen das Atmen schwer. Die Lebenserwartung lag mit 35 Jahren ganze 50 unter dem heutigen Bundesmittel.

Bickenbach war also ein ganz und gar unwirtlicher Ort. Doch die Jugend hat, wie Sean Paul Sartre das mal formuliert hat, Heimweh nach der Zukunft. Anders als die meisten Bickenbacherinnen und Bickenbacher hatten wir uns noch nicht aufgegeben. Wir waren jung und wollten diese Welt verändern. Genau aus diesem Grund gründete ich mit meiner Spielkameradin Julia das Bürgerbündnis »Junge Bickenbacher fordern neue Spielplatzgeräte«. Von den Etablierten oft unterschätzt oder sogar belächelt, markieren entsprechende Initiativen doch ein zentrales Moment demokratischen Gemeinwesens. Die Kinder sind unsere Zukunft und die Zivilgesellschaft ist das Herzstück der modernen Demokratie.

Tagelang gingen Julia und ich die Bickenbacher Bachgasse entlang. Wir hatten einen Cocktailtisch angeschafft und ein breites Repertoire an Informationsmaterial erstellt, mit dem wir die Bickenbacher Bürger für unser Anliegen gewinnen wollten. »Bickenbach muss kinderfreundlich werden!«, stand auf einem leuchtend gelben Banner, das wir zwischen zwei Straßenlaternen befestigt hatten. Einmal hielt mich eine ältere Passantin für ein Mädchen. Ich packte sie am Kragen.

Nachdem wir auf diese Art und Weise Hunderte von Unterschriften gesammelt hatten, war schließlich der Zeitpunkt gekommen, an dem wir unser Anliegen in den politischen Prozess einzuspeisen gedachten. Jede Interessengruppe und jeder Lobbyist weiß, dass ein politisches Unterfangen nur so weit trägt, wie die Mächtigen im Staat sich seiner anzunehmen bereit sind. Und unsere Devise lautete: Kinder an die Macht!

Der Bürgermeister war ein dicker, glupschäugiger Mann mit Wurstfingern und einem schlechten Charakter. Nicht zufällig trug er den gleichen Nachnamen wie ein international beliebter Longdrink. Als eher schlichtes Gemüt war die fette Sau geleitet von Niedertracht und Skrupellosigkeit an die Spitze der lokalen Politik gelangt. Jede Stadt bekommt den Bürgermeister, den sie verdient.

An einem Montagvormittag empfing der Hanswurst uns im Rathaus, um unsere Petition entgegenzunehmen. In einem goldenen Umschlag aus edlem Papier überreichten wir dem hinterlistigen Wendehals unser Anliegen mitsamt dem in Form von Unterschriften dokumentierten Rückhalt aus der Bickenbacher Bevölkerung. »Ich kann das nicht lesen«, beklagte sich das Schwein. »Was steht da?« – »Kannst du etwa nicht lesen?«, fragte Julia den Idioten. »Äh, doch, klar«, antwortete der dumme August. »Aber ich bin hier immer noch der Bürgermeister. An mir kommt keiner vorbei!«

Die nun folgenden Stunden gehören im Rückblick betrachtet zu den schwierigsten meines Lebens. Dichte Rauchschwaden vernebelten die Sicht. Wir redeten uns die Köpfe heiß und immer wieder schickte der Armleuchter nach seiner Sekretärin, um die Aschenbecher zu leeren und Whiskey nachzuschenken. Das aufgedunsene Rindvieh war natürlich Alkoholiker. »Na gut«, meinte die Kanaille schließlich, »wir bestellen einen Katalog und dann könnt ihr euch aussuchen, welche Spielgeräte ihr haben wollt.« – »Wirklich?«, fragte ich misstrauisch. »Klar, für euch Kinder ist mir nichts zu teuer«, entgegnete der Lügner.

Nennt mich gutgläubig, vielleicht sogar naiv – aber nach 14 oder 15 Stunden zähen Drehens und Wendens der immer gleichen Sachverhalte (legitime Bedürfnisse nach Freizeitmöglichkeiten und begrenzte Spielräume des kommunalen Haushaltes) war Julia so müde, dass wir beide keine Lust mehr hatten, uns weiter mit diesem Scheusal abzugeben. Der Bürgermeister war ein roher, brutaler Mensch, dessen Handeln uns mit Abscheu erfüllte. Eine widerliche Person. Bis heute denke ich ungern an diesen Montag zurück. Nachdem uns die örtliche Polizei mit Blaulicht und Martinshorn nach Hause gefahren hatte – eigentlich sind mir solche großen Auftritte immer ein bisschen unangenehm –, verfiel ich schnell in einen tiefen und traumlosen Schlaf.

Aber zurück zur Leistungsspange: Mein Eintritt in die Welt der Feuerwehrmänner war für mich eine ausgemachte Sache. Nichts sollte sich zwischen mich und die Brandschutzbehörden stellen. Die Kinder des Ortes waren von ihren Eltern zeit ihres Lebens auf diesen Tag vorbereitet worden. Sie wussten, eine Tätigkeit in der Feuerbekämpfung war ihr Ticket hier raus – wenn schon nicht aus Bickenbach, dann zumindest raus aus der tristen Enge des Milieus ihrer Eltern.

Den Wettkampf um die Leistungsspange könnt ihr, liebe Leserinnen und Leser, euch am besten als eine Mischung aus Bundesjugendspielen und Olympia vorstellen. Aus schierer Perspektivlosigkeit hatten die meisten Bickenbacher Eltern sich auf die Strategie einer gezielten Qualifizierung ihres Nachwuchses besonnen. Wie journalistische Recherchen ergeben haben, war und ist Kinderdoping in der Stadt keine Seltenheit. Zahlreiche Mutationen prägen bis heute das Bickenbacher Stadtbild. Bei der Leistungsspangenprüfung rollten die Kinder des Dorfes den ganzen Tag Schläuche aus, kletterten auf Leitern oder löschten kleine Brände. Doch damit nicht genug: Um möglichst realistische Bedingungen der Feuerbekämpfung zu simulieren, machten die Feuerwehrmänner den Kindern das Leben zur Hölle.

Unter Human-Ressource-Experten gilt der Bickenbacher Wettkampf um die Leistungsspange bis heute als eines der härtesten und exklusivsten Verfahren der Personalauswahl. Doch was man mühelos erreicht, ist der Mühe oft nicht wert. Wat nix kost, is auch nix. Das Leben gibt den Sterblichen nichts ohne schwere Arbeit. Mühsam nährt sich das Eichhörnchen. Die Katze in Handschuhen fängt keine Mäuse. Anstrengung ist für edle Geister eine Stärkung. Rom wurde auch nicht an einem Tag erbaut. Für mich, den jungen Panik Panzer, war klar: Scheitern ist keine Option. Ich werde Feuerwehrmann.

Doch wo gehobelt wird, fallen Späne, denn wo viel Licht ist, ist auch viel Schatten. Konkret meine ich damit zwei Jungen meiner Parallelklasse der Bickenbacher Hans-Quick-Grundschule. Die Verantwortung eines Feuerwehrmannes speist sich aus vier Zielgrößen – dem Retten, dem Bergen, dem Löschen und dem Schützen. Jede der drei Disziplinen kann an sich schon eine Wissenschaft sein. Ob man einen Schlauch senkrecht oder waagerecht hält, kann im Ernstfall über Leben und Tod entscheiden. Muss ich weiter ins Detail gehen? Ich denke nicht.

Für die beiden Jungs war dieser Dienstag jedenfalls ein schicksalhafter. Und das nicht im positiven Sinne. Die beiden Trottel scheiterten verheerend. Mit bebendem Schnurrbart brüllte der Feuerwehrhauptmann auf die jungen Adepten ein. Sein Lederriemen knallte in der Luft. »Ihr habt alles falsch gemacht. Wenn ihr hier die Feuerwehr wärt, wäre die Stadt längst abgebrannt, ihr Idioten. Eure Eltern sollten sich schämen. Aus euch wird niemals etwas werden. Ihr Hurensöhne seid eine Schande für Bickenbach!«

Man muss fairerweise sagen, dass die Wortwahl des Hauptmanns vielleicht nicht ganz angemessen war. Aber in der Sache hatte er natürlich recht und außerdem gilt auch bei der Feuerwehr der Grundsatz *If you can't stand the heat, get out of the kitchen.* Die beiden versagten auf ganzer Linie. Was man falsch machen konnte, machten sie falsch. Nicht einmal meine zahlreichen Hilfsangebote waren sie anzunehmen in der Lage. Bellissimo …

Ich will mich hier jetzt nicht als Held darstellen und in den Vordergrund spielen. Aber Panik Panzer wäre nicht Panik Panzer, wenn er in der Stunde seines größten Erfolges nicht auch an die Schwachen und Unterlegenen gedacht hätte. Ich entzog mich der Siegeszeremonie und nahm die beiden Verlierer beiseite. »Ja, dumm gelaufen, Jungs. Aber es muss ja nicht unbedingt Feuerwehrmann sein. Es gibt viele Berufe. Vielleicht klappt es ja mit Fußball. Oder wie wär's mit Soldat? Da werden immer Leute gebraucht!« Tränen der Rührung liefen den beiden über ihre roten Pausbacken.

Was will ich euch damit sagen? Gelegenheiten liegen vor euch wie gestrandete Meerestiere. Anstatt den Sonnenuntergang am fernen Firmament zu fotografieren, solltet ihr sie aus dem sandigen Sand sammeln, um aus ungelegten Eiern Nägel mit Köpfen zu machen. Es ist wichtig, dass ihr eure Träume verfolgt und nie den Glauben verliert. Dann kann euch nichts aufhalten.

ES WAR EINMAL

Wie ich einmal erfolgreicher Drogendealer wurde

Viele Prominente – seien es nun Sportler, Sänger, Politiker oder Adelige – haben ein Drogenproblem. Sie schnupfen Kokain, rauchen Haschisch, trinken Alkohol oder nehmen Beruhigungstabletten, um abends besser in den Schlaf zu finden. Aber das Showbusiness ist bekanntlich wie kein anderes Business. Es ist ein Ort der Extreme. Und da darf es auch niemanden überraschen, dass ebenso viele Prominente ihre Bekanntheit nutzen, um öffentlich ein Zeichen gegen den Konsum von Drogen – oder auch »Rauschgift« – zu setzen. So beteiligte sich bereits in den frühen 1990er-Jahren der wiedervereinigten Bundesrepublik der Weltfußballer Lothar Matthäus an einer Kampagne der Bundesregierung mit dem Titel »Keine Macht den Drogen«, die sich nicht nur an Abhängige richtete, sondern auch an solche, die es noch werden konnten.

Als Mann der goldenen Mitte kann ich, Panik Panzer, beide Parteien dieser komplexen Konstellation verstehen – jedoch ohne mich dabei einer der Seiten ganz zu verschreiben. Ich habe noch nie in meinem Leben Drogen genommen. Gleichzeitig verteufele ich sie aber auch nicht, denn das wäre zu einfach. Die Welt ist eben weder schwarz noch weiß und manchmal muss man ganz genau hinschauen, um nicht die Zwischentöne zu übersehen. Oder wie der zweitwichtigste Abenteurer der jüngeren Geschichte,

Giacomo Casanova, es mal formulierte: »Gift in den Händen eines Weisen ist ein Heilmittel. Ein Heilmittel in den Händen des Toren ist Gift.« Hand aufs Herz: Wer von Ihnen würde sich auf Lothar Matthäus verlassen?

Im Prinzip ist die Sache ganz einfach: Der Mensch ist ein Naturwesen. Und Drogen kommen aus der Natur. Die Natur hat dem Menschen Drogen gegeben, um ihn zu Höchstleistungen zu treiben, die er ohne sie nicht erbringen könnte. Deshalb sollte man auch nicht vorschnell urteilen und ich will Ihnen, liebe Leserinnen und Leser, empfehlen, den Konsum von Drogen zumindest einmal auszuprobieren – insofern Sie es nicht ohnehin schon getan habt.

Die beste und wichtigste Droge ist Heroin. In jungen Jahren fuhr ich auf meinem Fahrrad der Marke Nishiki durch das pittoreske Grenzland der Euregio Maas-Rhein, in das meine Familie und ich wieder zurückgekehrt waren, um dem Albtraum Bickenbach für immer hinter uns zu lassen. Schweißtropfen liefen mir über die Stirn und zerplatzten unter mir auf der schnöden Brache. Die Euregio erstreckt sich von den belgischen Provinzen Limburg und Lüttich mit der deutschsprachigen Gemeinschaft in Belgien über die niederländische Region Süd-Limburg bis zu den deutschen Kreisen Aachen, Düren, Euskirchen und Heinsberg mit einer Gesamtfläche von weit über 100 000 Quadratkilometern und fast 40 Millionen Einwohnern. Für Anbau und Vertrieb von Heroin waren das nahezu perfekte Bedingungen.

Es waren schlimme Zeiten und die Wirtschaft war in einer Krise. Hungersnöte und Epidemien hatten die Aachener Bürger über Jahre hinweg gebeutelt. Mehrere heiße Sommer hatten die Erträge der regionalen Landwirtschaft kärglicher ausfallen lassen, als dies ohnehin die Regel war, und eisige Winter brachten die Menschen inner- und außerhalb der Aachener Stadtmauern zum Frieren.

In diesen Tagen lebte meine siebenköpfige Familie in einer Hütte aus Holz mitten in der Aachener Innenstadt. Die Not war sehr groß und es fehlte uns an allem. In den Läden gab es nichts zu kaufen und die Menschen auf den Straßen waren in Lumpen gehüllt, ohne dass sich irgendein Sankt Martin oder eine Mutter Theresa ihrer angenommen hätte. In den Gassen lag der beißende Geruch von Ammoniak und dunkle Schwaden der allgegenwärtigen Not waberten schwer und tief durch die Altstadt. »Das Leben ist nicht immer einfach«, sagte ich meinem Vater und er strich mir voller Stolz übers Haar. »Mein Sohn, in den schwierigsten Momenten des Lebens werden Helden geboren und du bist der Einzige, der uns noch retten kann.«

Ich gebe zu, dass mich die Offenheit, mit der sich mein Vater da an mich – den achtjährigen Panik Panzer – wandte, ein wenig überrascht hat. Andererseits wusste ich natürlich, dass er recht hatte, denn niemand kennt mich so gut wie er, weil er sich eben selbst gut kennt. Wie der Vater, so der Sohn. Der Apfel fällt nicht weit vom Stamm.

Um eine vollwertige Ernährung der Aachener Bevölkerung für die nähere und mittlere Zukunft gewährleisten zu können, entwickelte ich ein Mischkostkonzept. Da ich mich hierbei mit verschiedenen landwirtschaftlichen Saat- und Erntemethoden sowie dem Wachstumszyklus unterschiedlicher Speisepflanzen – von A wie Apfel bis Z wie Zwiebel – beschäftigen musste, stieß ich bei meinen Recherchen in der Aachener Stadtbibliothek auf das zyklische Prinzip der Dreifelderwirtschaft.

Ich versuche gar nicht erst, euch Holzköpfen dieses regenerative Prinzip von Bepflanzung und Ernte verschiedener Felder im Wechsel zu erklären, denn ihr würdet es eh nicht begreifen. Das hieße, mit Kevin Russel gesprochen, Perlen vor die Säue zu schmeißen. Capice? Gut! Mal im Ernst, was glaubt ihr, wer ihr seid? Ihr seid niemand! Was habt ihr schon geleistet?!? Verpisst euch, ihr Pfeifen! Werdet etwas! In der Zeit, in der ihr dieses Buch lest, hätten andere ganze Firmen gegründet, an die Börse gebracht und die Aktien mit Gewinn wieder abgestoßen. Und abstoßend seid ihr auch. Ich würde mich schämen an eurer Stelle. Egal.

Beim Prinzip der Dreifelderwirtschaft wird die gesamte Anbaufläche in vier Teile geteilt. Damit der Boden sich regenerieren und neue Nährstoffe entwickeln kann, werden nicht alle Ackersegmente bepflanzt und man lässt dem Boden Zeit, sich zu erholen. Jeder halbwegs klar denkende Mensch muss sofort merken, was für eine Verschwendung von Zeit und Energie in diesem Konzept angelegt ist. Doch die Denkweise des jungen Panik Panzer zeichnete sich bereits dadurch aus, dass sie nicht nur kreativ, sondern auch unkonventionell war. Schon als Kind erkannte ich Wege, wo andere Mauern sahen. Die Mauer musste weg, das Feld musste bestellt werden. Mit Pioniergeist und Elan setzte ich der Scheißidee ein Ende.

Und das kam so: Als ich also so auf meinem Nishiki durch das Grenzland der Euregio radelte, fiel es mir wie Schuppen von den Augen. Anstatt wie üblich nur drei der vier Felder zu bepflanzen, würden wir auf dem vierten Heroin anbauen.

Anmerkung des Verfassers: Leider war es mir an dieser Stelle nicht erlaubt, die genaue Vorgehensweise beim Anbau von Heroin zu erklären, obwohl ich für eines nicht stehe: Schwäche, Angst und Mutlosigkeit. Der Mann Panik Panzer steht für das Gegenteil dieser Attribute und glaubt an die Begabung seiner Leser zur Vernunft. Seid euch also sicher, dass es wirklich gute Gründe gibt, die dazu führten, dass ich an dieser Stelle die Zensur meiner wichtigen Ausführungen zuließ.

Mit dem Spätsommer brach in der Euregio die Erntezeit an. Von meinem Computer der Marke Windows aus koordinierte ich, der junge Panik Panzer, die Erntearbeiten von Horbach bis Vaals und meine Brüder unterstützten mich, indem sie dasselbe in den übrigen Teilen der Region erledigten. Gemeinsam kontrollierten wir in diesen Monaten einen wesentlichen Teil des westeuropäischen Heroinanbaus. Am Tag fuhren große Heuwägen voller Heroin immer wieder die Strecke über Richterich und Laurensberg durch das Ponttor bis zum Marktplatz, um ihre »heiße Fracht« direkt zwischen Karlsbrunnen und Rathaus zu entladen. Kaiser Karl wäre das alles eine helle Freude gewesen.

»Was machen wir denn jetzt mit dem ganzen Heroin?«, fragte mich aufgeregt der Bürgermeister. »Ruhig Blut, mein Lieber«, maßregelte ich den Hurensohn. »Das wirst du noch früh genug erfahren.« Ich kannte die blöde Sau noch aus Kindertagen, als er vor dem Haus meiner Eltern einen prächtigen Baum – irgendeine Mischung aus Eiche und Buche – gefällt hatte. Bei solchen Sachen bin ich wie ein Elefant – ich vergesse nichts. Der Moment der Rache hätte nun gekommen sein können. »Soll ich jetzt sein Leben ficken?« Fragend blickte ich in die Runde. »Nein, gerade haben hier wichtigere Dinge Vorrang«, erinnerte mich eine der osteuropäischen Erntehelferinnen, die ich über eine zyprische Briefkastenfirma angeheuert hatte.

Jeder Betriebswirt weiß: Die Phase im Jahr, in der der Einzelhandel den größten Absatz generiert, ist die Weihnachtszeit. Ich erinnere mich an meine Kindheit, als Spekulatius, Marzipankartoffeln und andere Leckereien erst wenige Tage vor Weihnachten in den Auslagen der Bickenbacher Geschäfte deponiert wurden.

Die rasanten Dynamiken kapitalistischer Modernisierung beschreiben wie niemand anders Karl Marx und Friedrich Engels in ihrem *Manifest der Kommunistischen Partei*:

»Alle festen eingerosteten Verhältnisse mit ihrem Gefolge von altehrwürdigen Vorstellungen und Anschauungen werden aufgelöst, alle neugebildeten veralten, ehe sie verknöchern können. Alles Ständische und Stehende verdampft, alles Heilige wird entweiht, und die Menschen sind endlich gezwungen, ihre Lebensstellung, ihre gegenseitigen Beziehungen mit nüchternen Augen anzusehen.«

Ich wusste, was nun zu tun war: Von den Klassikern inspiriert verlegte ich den Weihnachtsmarkt in den beginnenden September. Golden lag der Sommer über der völlig erschöpften Stadt, als ich die ersten Portionen des braunen Zuckers feierlich in der Auslage eines ausrangierten Weihnachtsmarkt-Büdchens drapierte und mit verschnörkelten Preisschildern versah. »Ein Kilo zu 50, zwei zu 100 Euro. Rabatt gibt es nicht!«, schrie ich mit hochrotem Kopf über den Marktplatz. Der Laden brummte, die Drogen gingen weg wie geschnitten Brot und ließen die Kasse klingeln. Ich ließ es schneien wie Frau Holle, wenn ihr versteht, was ich meine.

Aachen, eine bis dato im Bundesgebiet gänzlich unbekannte Stadt, blühte in der Folge wirtschaftlich und menschlich spürbar auf. Das Bruttoinlandsprodukt explodierte, freundliche und zuvorkommende Menschen prägten das Stadtbild und das Heroin brachte die besten Seiten der Gemeinde und ihrer Bewohner hervor. Die Kunde, dass der florierende Drogenhandel in der Kaiserstadt Aquae Granni so fruchtbare Blüten trieb, verbreitete sich in den kommenden Monaten auch im nordrhein-westfälischen Umland. Es dauerte nicht lang, bis ich meinen Kundenstamm um Abnehmer aus dem Ruhrgebiet, dem Sauer- und dem Siegerland erweitert hatte.

Unter den Heroinabhängigen befand sich unter anderem ein bekannter Verschwörungstheoretiker aus der Stadt, in der sich Rhein und Ruhr im größten Binnenhafen Europas verbinden. Gemeinsam mit ihm baute ich ein Vertriebsnetzwerk auf, über dessen Wege es uns binnen kurzer Dauer gelang, den nord- und südamerikanischen Heroinmarkt mit unserem Stoff zu überfluten. Leider musste ich nach kurzer Zeit feststellen, dass mein Vertriebspartner dem Zeug nicht gewachsen war. Du kannst die Pferde zur Tränke führen, aber trinken müssen sie selbst. Und die blöde Sau hatte offensichtlich zu viel getrunken. Ich pustete ihm das Licht aus.

Dummerweise musste ich in der Folge erst mal untertauchen. Bis Gras über die Sache gewachsen war, zog ich mich in mein Domizil auf den Bahamas zurück. Im Rückblick, das sage ich ganz ehrlich, beschämt mich der Mord an meinem Ex-Partner. Auch im Drogenhandel gibt es keinen Grund, sich aufzuführen wie die Axt im Walde. Aber ich will offen Zeugnis ablegen von den Dingen, die nun mal geschehen sind. Die Lüge gewinnt den Sprint, aber die Wahrheit ist ein Marathon.

Wie dem auch sei – als die Luft wieder rein war, trat ich voller Freude den Rückweg in die Stadt an, die mir über die Jahre so ans

Herz gewachsen war. Doch die Stadt hatte sich verändert. Holzhütten, Fachwerkhäuser und von Pfützen durchsetzte Schotter- und Sandwege waren einer hochmodernen Infrastruktur gewichen. Eine Skyline mit Wolkenkratzern und Funktürmen hob sich zum Nachthimmel empor, der durch die bunten Lichter der Stadt hell erleuchtet war. Nur der Dom erinnerte mich an den Ort, den ich einst fluchtartig und unfreiwillig verlassen hatte.

Die Freude war jedoch nicht von langer Dauer. Etwas war faul in Oche. Ich ahnte, dass das, was faul in Oche war, mit der verlogenen Ratte von Bürgermeister zu tun haben musste. Das Einzige, was es braucht, um Bürgermeister zu werden – das möchte ich hier mal festhalten, denn ich hatte in meinem Leben schon oft genug mit Bürgermeistern zu tun –, ist absolute Niedertracht und Gefühllosigkeit. Hatte ich wirklich richtig daran getan, auf die Erntehelferinnen zu hören, die mir geraten hatten, für meine Rache einen späteren Zeitpunkt auszuwählen? Während ich so, versunken in meine Überlegungen, meine abendliche Kontrollrunde durch die Raps- und Heroinfelder des Aachener Umlands drehte, riss mich eine schrille, unangenehme Stimme aus meinen Gedanken. »Sieh an, der junge Panik Panzer!« Der Bürgermeister musste mir schon länger gefolgt sein. In der Hand hielt er eine halb durchsichtige Plastiktüte, in der sich Pommes und Gyros befanden. Die zwielichtige Gestalt hatte diese in der günstigsten Frittierstube Aachens besorgt.

Ich atmete schwer, hielt mich aber vorerst zurück. »Ich werde nun etwas tun, was ich längst hätte tun müssen«, platzte es dann aus mir heraus. Die folgenden Szenen möchte ich nicht näher beschreiben, denn sie sind von erschütternder Grausamkeit. Der Bürgermeister starb.

Es würde mich nicht wundern, wenn zumindest einige von euch, liebe Leserinnen und Leser, sich nun fragen, ob das alles wirklich so nötig gewesen ist. »Na ja«, würde ich dann entgegnen, »hinterher ist man immer schlauer. Nur wer nichts macht, macht auch keine Fehler.« Und ich kann euch versprechen, dass ich, Panik Panzer, zu jeder Zeit nach bestem Wissen und Gewissen gehandelt habe. Und ich denke, summa summarum kann sich das Ergebnis schon sehen lassen. Die Stadt war gerettet, und nur das zählte.

Was will ich euch damit sagen? Wege entstehen dadurch, dass man sie geht. Warum ist die Banane krumm? Solche und ähnliche dumme Fragen bringen euch nicht weiter. Denkt *out of the box*, schaut nie zurück, bleibt euch und eurer Familie treu und lasst euch nicht verarschen. Es mag sein, dass das manchmal nicht einfach ist. Aber auch mir wurden die Dinge nicht immer leicht gemacht. Vergesst das niemals. Wo ein Wille ist, ist auch ein Weg, aber der gerade Weg führt nicht immer zum Ziel. Manchmal geht es eben mit dem Kopf durch die Wand. Man muss es nur wollen. Der Glaube kann Tonnen verschiffen und Berge versetzen. Ich glaube an euch.

Eines noch: Dieses Kapitel ist brisant und es ließe sich zumindest diskutieren, ob ich mich in der ein oder anderen Situation nicht hätte anders verhalten sollen, das sehe ich durchaus ein. Ich bitte euch, die hier angesprochenen Tatbestände niemandem weiterzusagen und für euch zu behalten. Sie sind teils nicht verjährt, aber ein wichtiger Teil meines Lebens, den ich euch nicht vorenthalten wollte.

DIE TOTEN BRENNEN

Wie ich einen Flugzeugabsturz überlebte

Ich war acht Jahre alt, als ich das erste Mal mit einem Flugzeug abstürzte. Auf einem Langstreckenflug von Hongkong nach Santiago de Chile war der metallene Vogel – es war eine Boeing 747 der Marke Airbus – in einen Wirbelsturm geraten. Während ich auf einem der modernen Flatscreens den von Steven Spielberg verfilmten Dinosaurier-Streifen *Jurassic Park* anschaute, brach um mich herum plötzlich Panik aus. Schrille Schreie erfüllten den Passagierraum. Einige Männer fingen an zu beten. »Ihr Arschlöcher«, dachte ich, »solltet ihr gleich vor euren Schöpfer treten müssen, würde er euch fragen, wie ihr es wagen konntet, mich, den jungen Panik Panzer, beim Filmgucken zu stören.«

Ich blieb cool, weil ich wusste, dass das, was gerade passierte, völlig normal war. Außerdem hatte ich nichts übrig für die Angsthasen und Jammerlappen. »Ladies and Gentlemen – beruhigen Sie sich bitte!«, beschwichtigte ich die Hasenfüße. »Solange hier niemand sein Handy einschaltet oder ein Quecksilberthermometer zerstört wird, sind wir in Sicherheit.« Ich bestellte mir noch einen Tomatensaft und setzte die Kopfhörer wieder auf meine kindlichen Segelohren. Auf dem Bildschirm bahnte sich ein gigantischer Tyrannosaurus Rex einen Weg durch das dichte Dickicht des Dschungels der Isla Nublar. »Dieser T-Rex ist eine absolute Killermaschine, er wird – wenn ihr nicht aufpasst – euer Leben ficken. Und alles nur, weil ihr Gottes Schöpfung manipulieren wolltet«, sinnierte ich vor mich hin und blickte dabei in die sich unheilvoll wellenden Kreise auf der Oberfläche meines Tomatensaftes. »Warum seid ihr überhaupt in diesen Scheiß-Park gefahren? Es war doch klar, dass die Saurier euch eines Tages erwischen würden, ihr verdammten Idioten!«

Um mir ein weiteres Glas herrlich gelber Fanta zu kredenzen, durchschritt eine der freundlichen Bordstewardessen einen lilafarbenen Vorhang, welcher einmal zur Seite bewegt den Blick auf die armen Teufel aus der Economy Class freigab. So stelle ich mir die Hölle vor. Aber das war nicht mein Problem. Mein größeres Interesse weckte eine dubiose Gestalt, die sich – ein Stethoskop um den speckigen Nacken gehängt – an einer der Notausgangstüren zu schaffen machte. Mir war sofort klar, dass die Person eine große Gefahr darstellte. »Haltet ihn auf!«, schrie ich aus voller Kehle. Doch es war schon zu spät. Das Flugzeug geriet in eine Schräglage und ein Hartschalenkoffer der Marke Samsonite oder Rimowa, so genau weiß ich das nicht mehr, versetzte mir einen dumpfen Schlag auf den Schädel. Ich verlor das Bewusstsein.

Mögt ihr eigentlich gerne Brause? Ich habe in meinem Leben viel Brause getrunken und, mit Verlaub, ich kenne mich aus. Wir beginnen mit ein paar Basics. Zuallererst möchte ich klarstellen, dass es sich bei einer Schorle keineswegs um eine Brause handelt. Was für viele banal oder sogar nichtig anmuten mag, markiert tatsächlich einen Unterschied wie den zwischen Tag und Nacht, Groß und Klein oder Frauen und Männern. Es gibt Brausen mit und Brausen ohne Kohlensäure. Limonadenbrause ist die beste Brause. Sie ist gelb. Aber auch die transparenten Brausen sollen hier nicht unerwähnt bleiben. Doch genug davon jetzt.

Ich erwachte mit schmerzendem Schädel und blickte in eine Runde besorgter Gesichter über mir. »Der Junge ist aufgewacht«, quakte eine übergewichtige Frau mit britischem Akzent, die mir bereits beim Check-in in Hongkong negativ aufgefallen war. Die Frau war so fett, dass sie zwei Sitze ausfüllte. Ein armer Chinese hatte ihretwegen den Flug nicht antreten können. Na, der würde sich jetzt wahrscheinlich freuen, denn so wie ich die Sache sah, waren wir abgestürzt – mitten in den Alpen.

Wer von euch, wie ich, schon mal in den Alpen gewesen ist, weiß, dass dort nicht besonders viel los ist. Kilometerlange Gebirgsketten erstrecken sich über den südamerikanischen Kontinent, von der Spitze unten in Feuerland bis fast nach Chicago. Dort leben nur ein paar Kondore, Spitzkrokodile, Brillenbären, Peruanische Nackthunde, Steinböcke und einige wenige Ureinwohner, von deren Anwesenheit man nur Notiz nimmt, wenn ihr liebliches Panflötenspiel durch die Gebirgsketten wabert. In jener Nacht übertönte allerdings das Geheule der Nackthunde die Klageschreie der verletzten Flugzeuginsassen, die aus den rauchenden Trümmern des Flugzeugwracks zu uns herübertönten.

Wie schade es um die Maschine war, brauche ich euch nicht zu erklären. Aber in erster Linie galt mein Mitgefühl den Angehörigen der vielen Toten, die ihr Leben beim Absturz des Flugzeugs verloren hatten. Einen geliebten Menschen zu verlieren kann sehr schmerzhaft sein. Erschwerend kam hinzu, dass die Entschädigungszahlungen in einem komplizierten Fall wie diesem oft lange auf sich warten ließen. Plötzlich stieg mir ein bekannter Geruch in die Nase. Es roch irgendwie nach Sonntagsbraten. »Die Toten brennen!«, schrie ein mysteriöser Mann, der daraufhin im Schatten der Dunkelheit verschwand und nie wieder gesehen wurde.

Der Feuerschein tauchte die Silhouette der Anden in ein gespenstisches Licht. Wir Überlebenden fassten uns an den Händen, wobei ich darauf achtete, möglichst weit entfernt von der fetten Engländerin zu stehen, und summten mutmachende Melodien. »Wir Überlebenden«, so setzte ein freundlich dreinblickender Rotschopf an, »müssen uns nun gemeinsam den Weg zurück in die Zivilisation bahnen. Wir schicken einen Erkundungstrupp los, der uns in der Gegend hier einen Überblick verschafft. Die anderen suchen in den Trümmern nach übrig gebliebenen Essen. Aber Vorsicht – in der Umgebung könnten sich gefährliche Tiere wie Pumas oder Schakale herumtreiben«, fügte er wissend hinzu.

Obwohl ich Belehrungen und Befehle überhaupt nicht leiden kann, weil ich schon als Kind mein eigener Herr war, entschied ich mich, vorerst den Ball flach zu halten, und tat wie mir geheißen. Gelegenheiten, den freundlich dreinblickenden Rotschopf für seine Unverschämtheiten zur Rechenschaft zu ziehen, würden sich hier in der Zukunft noch zur Genüge bieten.

Im Umkreis des Flugzeugs sammelte ich zuerst kleine Dosen mit Erdnüssen der Marke Ültje auf, die, ursprünglich für den Bordverkauf bestimmt, nun auf den Berghängen der chilenischen Alpen verstreut lagen. Die Tiere der lokalen Fauna dürften bei dem Schauspiel, das sich ihnen bot, nicht schlecht gestaunt haben. Aber das unterscheidet eben uns Menschen von den Tieren – der unbedingte Wille zum Überleben. Stellen Sie sich mal Folgendes vor: ein Schwein am Steuerknüppel einer Boeing 747. Der Absturz wäre vorprogrammiert. Denn Schweine sind weder kognitiv noch motorisch in der Lage, ein Flugzeug mithilfe eines Steuerknüppels zu lenken. So was kann nur ein Mensch. Und deswegen ist ein Mensch ein Mensch und ein Schwein ein Schwein.

Weiterhin fand ich auf den Bergwiesen im Umkreis des Wracks auch zahlreiche Gliedmaßen und Organe derjenigen Unfalltoten, die sich offensichtlich nicht an die Sicherheitshinweise des Flugpersonals gehalten hatten. Anders konnte ich mir dieses Durcheinander beim besten Willen nicht erklären. Nachdem ich möglichst viele der Erdnüsse auf Vorrat vertilgt hatte, plagte mich ein entsetzlicher Durst. Gott sei Dank befand sich unter den Überlebenden auch die freundliche Bordstewardess, die mir während des Fluges in fließbandartiger Manier den Tomatensaft und die wohlschmeckende Brause im Wechsel serviert hatte. »Ey, hast du noch so eine Limo?«, schrie ich zu ihr herüber. »Ich habe die ganzen Erdnüsse hier gegessen. Die waren ganz schön salzig und nun leide ich unter fürchterlichem Durst.«

Mit ihrer fürsorglichen Art und ihrem lieblichen Wesen gelang es der Bordstewardess, uns ein kleines Stück der Normalität zurückzugeben, derer der Absturz uns so jäh entrissen hatte. Es ist eine Gabe der Frauen, auch unter widrigsten Bedingungen Wärme spenden und Behaglichkeit verbreiten zu können. Mit ihren Limonaden und Tomatensäften half sie uns in diesem dunklen Moment, die schrecklichen Ereignisse der letzten Stunden wenigstens für eine kurze Zeit zu vergessen. Die Brause spendete Trost und weckte unseren Mut, denn sie erinnerte uns daran, dass uns jenseits der Bergketten ein besseres Leben erwarten würde.

Das Wetter in den chilenischen Alpen war sehr schön und die Nächte waren lau, denn es war Sommer. Wir spielten Schach und Halma und vertrieben uns die Zeit, indem ich den anderen Geschichten aus meinem Leben erzählte. Schnell war ich in der Gruppe der Beliebteste. Die Zeit verging wie im Fluge und wäre da nicht die fette Engländerin gewesen, die mich immer wieder durch dumme Fragen und lästige Kommentare provozierte – ich hätte es gut ausgehalten dort oben in den Anden.

Doch eines Tages passierte etwas, das alles veränderte. Ich ahnte, dass das, was nun passierte, alles verändern würde. Die Vorräte gingen zur Neige. Jeder und jede von uns wusste natürlich, dass wir nicht ewig so würden weitermachen können. Unsere kleine Gemeinschaft von Überlebenden war auf Sand gebaut. Funktionierte sie doch nur so lange, wie wir den Stoffwechsel mit der Natur mithilfe der vorrätigen Nahrung bewerkstelligen konnten. Da wir die in Aluminium eingeschweißten Portionen von *chicken or beef* als Erstes verzehrt, den zugehörigen Tomatensalat, die M+M's und die Toblerone danach und ich die Ültje-Erdnüsse bereits unmittelbar nach dem Absturz in mich hineingestopft hatte, waren wir gezwungen, uns neu zu orientieren.

Ich zögerte kurz, wusste aber, dass das nichts bringen würde. Also brach ich das betretene Schweigen der Feiglinge um mich herum, um das Unaussprechliche schließlich doch auszusprechen. »Freunde, wir müssen die herumliegenden Leichenteile essen.« Unter den Überlebenden erklang ein zustimmendes Murmeln: »Da hat der Junge recht.« Kurz darauf schallte das gierige Schmatzen und Schlemmen rettend in den friedlichen Nachthimmel. Auch ich kaute erst widerwillig, dann aber zugegebenermaßen immer genüsslicher an einem Finger.

Ich möchte an dieser Stelle mit einem weitverbreiteten Irrtum aufräumen, einer urbanen Legende, einer falschen Annahme. Menschenfleisch, ich spreche aus trauriger Erfahrung, ist geschmacklich kein Bastard aus Geflügel und Rind, sondern ähnelt der modrigen Viehstalligkeit des Lamms. Ich bin nicht stolz darauf, was ich getan habe, aber ich schäme mich auch nicht dafür. In Zeiten der Krise ist sich jeder selbst der Nächste und ungewöhnliche Bedingungen erfordern auch ungewöhnliche Maßnahmen. Ich, der junge Panik Panzer, tat, was getan werden musste, und die Umstehenden machten es mir nach.

So zogen die Tage wieder dahin, die klagenden Wehlaute der Hungernden waren fast vergessen und geduldig warteten wir auf die Rückkehr des Erkundungstrupps, der nun schon seit Wochen die Gegend durchstreifte. Die zahlreichen Knochenreste kochten wir aus und bereiteten eine kräftige und nahrhafte Brühe zu, von der wir glaubten, dass sie uns noch eine Weile ernähren könnte, bis die dicke Frau aus England in einer sehr ungeschickten Bewegung den Suppenkessel umstieß. Der herrliche Sud versickerte sofort im Boden. »Du blöde Sau«, schrie ich den Tollpatsch an, »jetzt ist die ganze Scheiße im Boden und wir werden alle sterben.« Tränen der Wut und Verzweiflung rannen meine Wangen hinab, wir waren am Ende. Was sollten wir nur tun?

Die Rechnung war einfach, denn ohne Nahrung spielte die Zeit gegen uns. Ein normaler Mensch kann ohne Kalorienzufuhr nur wenige Tage überleben. Einer hier würde dran glauben müssen und sicherlich würde das nicht ich sein. »Ihr könnt mich ruhig essen«, bot ich mich gönnerhaft meinen Leidensgenossen an, wohl wissend, dass sie dieses Angebot ausschlagen würden. »Danke, kleiner Mann, genau so machen wir es!«, sagte der freundliche Rotschopf jedoch und zog flink Messer und Gabel aus der Brusttasche seiner quietschbunten Latzhose.

»Hey, lasst mich doch erst mal ausreden«, wandte ich schnell ein. »Ihr könnt mich ruhig essen, doch dann fehlt dieser Gruppe einer der klügsten Köpfe.« Wieder zustimmendes Gemurmel. »Der Junge ist zu smart«, hörte ich einen der Opportunisten raunen. »Der Junge ist zu schmal und wir brauchen ihn noch.« Meine perfide Strategie ging auf und eine wilde Diskussion entbrannte, wer aus der Gruppe am entbehrlichsten sei und dem Gemeinwohl zuliebe verspeist werden könne, während ich erst mal aus dem Schneider war.

Später in meinem Leben sollte ich diese obskure Gruppendynamik noch als sogenanntes Plenum kennenlernen, dessen einstudierte Verlaufsmuster von Aachen bis zu den Anden immer die gleichen sein werden. Die Scheiße fällt von oben nach unten, wenn ihr versteht, was ich meine.

»Wir müssen die fette Engländerin essen«, argumentierte ich schlüssig. »Davon können wir am längsten zehren und das Verhältnis von verursachtem Leid und gewonnener Nahrung ist so am günstigsten.« Die dicke Frau fuhr auf: »Falsch gedacht, du Unhold, wir müssen bei denen mit der geringsten Lebenserwartung anfangen, denn sie haben am meisten vom Leben gehabt.« Der freundliche Rotschopf mit der lächerlichen Latzhose wendete aber ein: »Wenn wir jemanden essen, ist die Lebenserwartung doch per Definition gering. Das ist ein tautologisches Argument. Grau aber ist alle Theorie – was zählt, ist die Praxis! Ich sage, wir essen die dicke Frau!« Ich konnte spüren, wie einigen der Tattergreise ein Stein vom Herzen fiel, denn diesmal waren sie noch davongekommen. Doch sie wussten, wir würden sie nicht ewig verschonen können. Ein übereifriger Bursche, der mir schon seit Tagen auf den Wecker gegangen war, sagte das Unvermeidliche: »Wir müssen eine Konsensentscheidung herbeiführen.« In diesem Moment wurde ich Demokrat.

Die Demokratie ist die einzige Herrschaftsform die, richtig angewandt, Grundrechte garantieren und effektive Problemlösungen gewährleisten kann. Es ist richtig, die dicke Frau wollte nicht gegessen werden, aber so ist nun mal der Lauf der Dinge. Die Abstimmung gewannen wir mit 46 zu 1, nur der übereifrige Bursche enthielt sich feige.

Vor nicht allzu langer Zeit erreichte mich ein Brief in einem teuren Kuvert. In gebrochenem Deutsch wandte sich einer der Mitreisenden an mich, um mir gegenüber seine Dankbarkeit für den Crashkurs in demokratischer Partizipation auszudrücken. An diesem Tag hatte ich nicht nur sein Leben gerettet, sondern ihm und den anderen gleich noch ein zweites als mündige Bürger eines demokratischen Gemeinwesens geschenkt. Auch eine soziale Politik hat immer Zielkonflikte zu lösen. Und wo gehobelt wird, da fallen nun mal Späne. Nun denn.

Ich könnte euch und Ihnen jetzt erzählen, wie die dicke Engländerin doch noch mal mit dem Schrecken davonkam, weil just in diesem Augenblick der Exkursionstrupp zurückkehrte, wir die Maschine mithilfe der nötigen Ersatzteile wieder auf Vordermann brachten und schließlich ihrem ursprünglichen Bestimmungsort zuführen konnten. Ich möchte stattdessen allerdings auf etwas anderes hinaus.

Die gemeinsame Zeit an der Unfallstelle hatte uns als Gruppe zusammenwachsen lassen. Gemeinsam waren wir durch dick und dünn gegangen und hatten die aus dem Flugzeugabsturz hervorgegangenen Herausforderungen mit Bravour gemeistert.

Ich möchte mich an dieser Stelle nicht unnötig in den Vordergrund stellen, aber eine Heldengeschichte kommt nun mal nicht ohne ihren Helden aus. Mein Sternzeichen ist Fische. Wir sind bekannt dafür, auch in Krisensituationen einen kühlen Kopf zu bewahren und tatkräftig voranzuschreiten, wenn zielstrebiges Handeln erforderlich wird. Fische-Geborene sind verträumte und verständnisvolle Freigeister, deren Charakter von einer gewissen romantischen und mystischen Ader umwoben wird. Fische zeigen sich im Umgang mit Mensch, Tier und Natur stets mitfühlend und mitleidend. Nichts anderes konnte man in jenen Tagen an der Unfallstelle in den chinesischen Alpen erleben.

Während andere Menschen in dieser schwierigen Situation gewiss oder zumindest mit einer sehr hohen Wahrscheinlichkeit komplett verzweifelt wären, hatte ich die Fäden zu jeder Zeit fest in der Hand. Für das abgestürzte Flugzeug war ich Kapitän, Pilot, Flugbegleiter und Steuermann zugleich. Es sind diese Situationen, die Menschen über sich hinauswachsen lassen. Hier trennt sich die Spreu vom Weizen, wenn ihr versteht, was ich meine. Nicht ohne Stolz blicke ich daher auf unsere gemeinsame Zeit in den südamerikanischen Bergen zurück.

DER MIT DEM LÖWEN TANZT

Wie ich den Aufstand der Tiere gewaltfrei niederschlug

Kennt ihr eigentlich die Tierschutzgruppe PETA? Wenn ich euch frage, ob ihr eigentlich die Tierschutzgruppe PETA kennt, dann meine ich das ganz genau so, wie ich es sage. Ohne Hintergedanken. Klare Kante. Kein doppelter Boden. Ehrliche Sätze. Worte wie Geschosse. Bei mir wisst ihr, woran ihr seid. Das verspreche ich euch, so wahr ich Panik Panzer heiße. Die Tierschutzgruppe PETA ist ein Haufen freudloser Spaßverderber und Neider, die anderen Menschen das Leben zur Hölle machen wollen, indem sie die Lebensqualität der Tiere steigern. Diese Idee ist nicht gut und auch nicht berechtigt. Dies und anderes möchte ich Ihnen im Folgenden am Beispiel der Schilderung eines Zoo-Besuches erläutern.

Im zarten Alter von zwölf Jahren lud ich meine Familie ein, den Tag gemeinsam mit mir im Aachener Tierpark zu verbringen. Kurz zuvor hatte ich durch die Auszahlung einer Versicherung ein kleines Startkapital akquiriert, welches ich dann mithilfe der Expertise eines informativen YouTube-Channels im Krypto-Trading vermehren konnte. So war ich bereits in jungen Jahren Millionär und wollte meine Familie auf diese Weise an meinem neu gewonnenen Reichtum teilhaben lassen. Außerdem war mir daran gelegen, den Geschäftssinn meiner Brüder mit einem vorbildlichen Auftritt anzuregen. Meine Familie, so meine damalige Absicht, sollte eine Finanzmarktfamilie werden. Und hierfür erschien mir der Besuch im Aachener Tierpark geeignet.

Viele menschliche Verhaltensweisen, die uns aus dem alltäglichen Leben bekannt sind, haben ihre Wurzeln im Tierreich. Während die Evolution uns zumindest teilweise aus der Natur hat heraustreten lassen, gehen viele Instinkte und Impulse, die unser Handeln anleiten, auf die genetische Disposition unserer Vorfahren zurück. Unsere ältesten Vorfahren sind die Dinosaurier.

Die Tierschützer haben richtige Ansätze und sind auch von nachvollziehbaren Impulsen und Gerechtigkeitsgefühlen geleitet. Leider sind sie schlichtweg zu dumm, um die Zusammenhänge zu checken. Außerdem neigen sie zu extremen Weltbildern. Im Zoo sind die Tiere geschützt durch Käfige. Die Käfige schützen nicht die Menschen vor den Tieren, sondern die Tiere vor den Menschen. Sie sind Reservate in einer feindlichen Welt. Während woanders der Regenwald abgeholzt oder der Amazonas trockengelegt wird, sind die Käfige für die Tiere wie eine Oase in der Wüste, eine Autobahnraststätte an der Autobahn oder eine Eisdiele im Sommer. Wie das Ziel einer langen Reise, die Perfektion der besten Art und Weise. Wenn wir Menschen auf die Tiere hören, das können wir schon im Alten Testament nachlesen, sind wir verloren. Nicht sie sind es, die für uns, nein, wir sind es, die für sie verantwortlich sind. Oder haben Sie schon mal ein Pferd gesehen, das auf einem Ritter reitet? Muss ich deutlicher werden? Ich glaube kaum.

Auch wenn ich Tierrechtsorganisationen im Allgemeinen skeptisch gegenüberstehe, will ich an dieser Stelle betonen, dass ich absolut kein Problem mit dem Tier an sich habe. Ganz im Gegenteil, ich finde Tiere klasse. Dass muss ich zwar niemandem beweisen, aber wer mir nicht glaubt, der ist entweder niederträchtig oder sieht einfach nicht richtig hin. Nicht umsonst habe ich mir mittlerweile die halbe Arche Noah auf die Extremitäten tätowiert. Panther, Fledermäuse, Faultiere, Hunde, Krabben, Robben, Wale, Schweine, Vögel, Wölfe, Hot-Dog-Männchen und ein Walross, das im Übrigen mein absolutes Lieblingstier ist. Tiere sind total mein Ding, und das soll jeder wissen. Ich besitze auch eine große Sammlung an lebenden wie präparierten Tieren. Von Hunden, Katzen, Ratten, Meerschweinchen, Minischweinen, Leguanen, Vogelspinnen über Pinguine, Löwen, Papageien, Grashüpfer, Molche und Mulche, Rackelhähne, Fische und Fasane gibt es in meiner Behausung so ziemlich alles, was in unseren Breitengraden kreucht und fleucht. Außerdem bin ich Vegetarier. Wer wusste das? Wieder keiner.

Der Aachener Tierpark lag in jenen Tagen etwas außerhalb der Stadt südöstlich des pittoresken Kaiserstadtzentrums inmitten des Drimborner Wäldchens. Zweige von Efeu rankten sich elegant um den Zaun des Parks und am Kassenhäuschen roch es einladend nach Filterkaffee, Frittenfett und Engelblau. Am Einlass begrüßten sich die Besucher, wie in der Stadt so üblich ist, mit dem Erkennungszeichen der Aachener, dem sogenannten Klenkes. Voller Stolz präsentierten sie sich gegenseitig die kleinen Finger ihrer rechten Hand und feuerten ein schmissiges »Jrüss disch« hinterher, um ihrem gegenseitigen Respekt angemessen Ausdruck zu verleihen. Meine Familie und ich genossen in der Stadt am Dreiländereck großes Ansehen und dem Personal des Tierparks war bewusst, dass wir als Dauerkartenbesitzer und Großspender zuvorkommend behandelt werden mussten.

»Ach sieh da, der Junge Panik Panzer und seine Familie«, raunte die Menge voller Anerkennung. Wie immer gab es ein großes Hallo, als wir an der langen Warteschlange, die uns mehr als wohlgesonnen war – etwas devot nahm einer nach dem anderen sogar eine leicht gebückte Haltung ein – vorbeiliefen und ohne Wartezeit den Tempel der Tiere betraten. Ein kleiner dicker Mann mit einem Zylinder und einem Spazierstock winkte uns freudig zu. »Besuchen Sie unseren Zoo, die Aachener Freizeitattraktion für Groß und Klein!«, schrie er mit einer hohen Fistelstimme. »Hier gibt es viele Tiere und damit meine ich nicht die Warteschlange. Wenn Sie ein Problem haben, sich hier anzustellen, dann können sie gleich wieder gehen«, mahnte er die wartende Menge. »Bitte betrachten Sie die durchschnittliche Wartezeit von einer Dreiviertelstunde als Hinweis auf die hohe Qualität dessen, was Ihnen hier geboten wird. Wir sind keine Anarchoprimitivisten, aber auch keine Tierquäler. Wir sind einfach Menschen wie du und ich.« Als wir näher kamen begrüßte uns der Aachener Kultdirektor. »Was sehen meine trüben Augen. Der Junge Panik Panzer und seine Familie. Hereinspaziert!«

Ich war zwölf Jahre alt und hatte in meinen jungen Jahren schon viel erlebt, mir konnte so schnell keiner etwas vormachen. Doch obwohl ich bereits früh ein gemachter Mann war, sah ich es nicht ein, nur einen unnötigen Meter selbst zu laufen, sodass ich mich auch an diesem Tag im Tierpark, so wie meistens, in einem Kinderwagen herumfahren ließ. »Los! Schneller! Ich will zu den Löwen!«, brüllte ich meine Eltern an, die um meinen Jähzorn wissend sofort spurten und sich Richtung Löwengehege aufmachten. »Schneller, schneller!«, schrie ich amüsiert, während meiner Mutter die Schweißperlen von der Stirn tropften. Meine Brüder liefen schweigend hinter uns her, denn sie wussten, dass der Tag im Tierpark für mich etwas Besonderes war wie für Christen der heilige Sonntag und ich bei meiner Kontrollrunde im Zoo nicht gestört werden wollte.

An diesem Tag im Tierpark war allerdings etwas anders. Ich fuhr aus der Haut. »Wo sind die Scheißlöwen? Ich will die Scheißlöwen sehen!« Völlig außer mir krallte ich mich an den Gitterstäben des Geheges fest und rüttelte wie der junge Gerhard Schröder am Zaun des Kanzleramts, nur wütender. »Mein Sohn«, versuchte mein Vater mich zu beschwichtigen, »reg dich nicht auf. Vielleicht schlafen die Löwen gerade nur.« So viel Naivität und Dummheit konnte ich nicht fassen und ich verlor die Kontrolle: »Jetzt pass mal auf, du verdammtes Arschloch …« Aus heutiger Sicht war dieser harte Einstieg in meine nun folgende Ansprache vielleicht ein wenig zu impulsiv und ich möchte mich bei meiner Familie dafür entschuldigen. »Du denkst, du kannst mir hier irgendwas erzählen? Weißt du, was du kannst? Du kannst den Kinderwagen schieben. Du kannst mir die Brötchen zum Tisch bringen. Und du kannst mich vor allen Dingen am Arsch lecken!« Das hatte gesessen, mein Vater weinte. Alles hat seine Grenzen und so auch meine Dankbarkeit an meine Eltern. Mit zwölf Jahren hatte ich mich ausreichend emanzipiert, um meine eigenen Interessen wirkungsvoll vertreten zu können. »Das war das letzte Mal, dass wir zusammen irgendwo hingegangen sind und jetzt schieb den verdammten Wagen.«

Das markerschütternde Röhren eines Löwen unterbrach meine Tirade. Wir fuhren herum. Kaum 10 Meter entfernt von uns hatte sich ein prächtiges Löwenmännchen mit eindrucksvoller Mähne außerhalb seines Käfigs aufgebaut und schrie seinen Unmut in die Welt hinaus, sodass der warme Asphalt des Tierparks bebte. Von seinen riesigen Reißzähnen tropfte es blutig hinab und aus seinem Mundwinkel flatterte lustig im Aachener Sommerwind ein Stofffetzen, der mich entfernt an das Jackett des Zoodirektors erinnerte. Mir war sofort klar: Die Scheißtiere hatten einen Putschversuch gestartet.

Ich möchte kurz ausführen, wie ich die Dinge in diesem Moment sah. So, wie ich die Dinge in diesem Moment sah, hatten wir es mit einer Naturkatastrophe zu tun. Katastrophen dieser

Art sind keine Seltenheit – denken Sie, liebe Leserinnen und Leser, nur einmal an das Erdbeben, dass das Kernkraftwerk in Fukushima zum Einsturz brachte. Auch der Ausbruch des Vesuvs, der die Stadt Pompeji unter einem Berg von Lava begrub, stellt eine solche Katastrophe dar. Der Aufstand der Tiere im Aachener Zoo schließt damit an eine lange Sequenz der Auseinandersetzungen zwischen Mensch und Natur an. Selbst Krankheiten wie Krebs oder Schnupfen sind als Aggressionen innerhalb einer entsprechenden Konfliktkonstellation zu verstehen.

Im Buch Genesis des Alten Testamentes gibt Gott den Menschen einen Auftrag. Dieser Auftrag besteht darin, sich, wie er das damals formulierte, »die Erde Untertan« zu machen. Ich kann nachvollziehen, dass nicht alle Tiere hiermit einverstanden sind. Aber in letzter Konsequenz weiß ich, wem meine Loyalität im Verhältnis von Mensch und Natur zu gelten hat.

Während der Löwe und ich uns im Tierpark meiner Geburtsstadt von Angesicht zu Angesicht gegenüberstanden, bemerkte ich eine seltsame in Lumpen gehüllte Gestalt, der das angesprochene Verhältnis von Mensch und Natur eben nicht so klar zu sein schien. »Eins, zwei, drei, lasst die Tiere frei«, lispelte der verlumpte Tierschützer und machte sich nervös mit einem Dietrich am Schloss des Paviangeheges zu schaffen. Bereits durch sein äußeres Erscheinungsbild signalisierte der Höhlenmensch Distanz zur modernen Zivilisation. In seiner Sympathie für die Tiere war er selbst von einem Tier kaum noch zu unterscheiden. Anstatt vorwärts hatte der Widerling sich zurück entwickelt und war nun wieder ein Teil der Natur geworden, derer die Zivilisation uns Menschen enthoben hatte.

»Herr Panzer, ich hatte gehofft, Sie hier anzutreffen. Sie sind unsere letzte Hoffnung!« Der Zoodirektor, den ich im Magen des Löwen vermutet hatte, erfreute sich bester Gesundheit und kam mit einer großen Fleischwunde am Bein herbeigeeilt. »Alle Tiere wurden befreit und bewegen sich nunmehr ungehindert auf dem Gelände des Zoos. Wie ist das nur möglich?« – »Das Leben, Herr Zoodirektor, findet immer einen Weg«, belehrte ich den Taugenichts.

Doch es war gerade nicht die Zeit für Philosophie und es war auch nicht die Zeit für Evolutionsbiologie. Schon gar nicht war es die Zeit für Betriebswirtschaftslehre, in der der Zoodirektor sicher Nachhilfe gebraucht hätte. Vielmehr war es Zeit zu handeln und ich wusste, was zu tun war. »Es ist Zeit zu handeln und ich weiß, was zu tun ist!«, versicherte ich den Umstehenden. »Was werden Sie tun?«, fragte der Zoodirektor ungeduldig. »Das geht dich einen feuchten Kehricht an«, maßregelte ich den Dummen. »Alles, was wir jetzt noch tun können, ist Schadensbegrenzung«, jammerte der Jammerlappen. »Das stimmt nicht«, widersprach ich, »denn es sind Katastrophen genau dieser Art, in der Menschen über sich hinauswachsen. Auf diese Art und Weise werden Helden geboren, aber davon versteht ein Armleuchter wie du natürlich nichts. Ich bin Panik Panzer, der König des Zoos«, rief ich und trommelte mit den Fäusten auf meine Brust.

Beeindruckt starrte mich der Zoodirektor aus großen Augen an. Mutig ging ich auf den Löwen zu, der immer noch wutschnaubend auf dem Gehweg stand und ungeduldig seine riesigen Pranken auf den Asphalt schlug. Eine Traube von Schaulustigen hatte sich gebildet und bangte um mein Leben. »Jetzt pass mal auf, du dummes Schwein«, schrie ich die Katze an, »ich bin ein Mensch und du bist ein Tier. Du kannst nicht mal lesen und schreiben. Wenn ich so dumm wäre wie du, würden meine Vorfahren immer noch auf dem Baum sitzen. Du bist ein Tier und hast dich gefälligst zu benehmen. Also ab in den Käfig mit dir!« Ich deutete mit dem ausgestreckten Arm in Richtung der offen stehenden Käfigtür. Der Löwe schaute mich verdutzt an, seufzte kleinlaut und trottete traurig zurück in seine stählerne Behausung.

Mit der Überzeugungskraft eines Bändigers schritt ich von Gehege zu Gehege, um der tierischen Revolution Stück für Stück ein Ende zu setzen. Zur Unterhaltung der umstehenden Besucher ließ ich die possierlichen Zoobewohner hier und da durch brennende Reifen springen oder andere Kunststücke vollführen. Die Aachener Bevölkerung applaudierte entzückt. »Panik Panzer, unser Held, du hast uns gerettet!«, rief einer. Was sie sagten, stimmte. »Ja, das habe ich.« Wäre ich an diesem Tag nicht zur richtigen Zeit am richtigen Ort gewesen, wäre die Geschichte womöglich nicht so glimpflich ausgegangen. Dass der Zoodirektor und die Besucher sprichwörtlich noch mal mit einem blauen Auge davongekommen waren, war in erster Linie meinem beherzten Eingreifen zu verdanken.

Nun war aber klar, dass ich nicht jeden Tag im Aachener Tierpark würde Wache halten können, daher stimmte ich die Umstehenden darauf ein, das Übel an der Wurzel zu packen. »Verehrte Damen und Herren, ich habe hier heute Großes geleistet«, setzte ich zu meiner triumphalen Rede an. »Ohne mich wären Sie alle nicht mehr am Leben und die Stadt Aachen wäre nicht mehr dieselbe. So wie man die Stadt Eschweiler mit der tragischen Entgleisung eines ICE-Zuges verbindet, die Stadt Hamburg mit Hip-Hop-Journalismus oder die Stadt Berlin mit dem Bau einer Mauer und der Erfindung des Döner Kebabs, hätte man Aachen ab heute mit einem nie da gewesenen Aufstand in Verbindung gebracht, wäre ich nicht gewesen. Einem Aufstand der Natur in Gestalt der Tiere gegen den Menschen in Gestalt der Aachener Bevölkerung. Allein meiner mutigen Intervention ist es zu verdanken, dass die Natur ein weiteres Mal hat in ihre Schranken gewiesen werden können. So etwas darf nie wieder geschehen! Daher rufe ich hiermit das Ende aller Tierrechtsorganisationen aus. Tiere sind keine Menschen und gehören nicht in die Stadt, merkt euch das! Das gilt auch für Hunde und Wellensittiche, Maulwürfe, Schweine, aber genauso für Goldhamster und normale Hamster. Es gilt für Kühe, wie es für Tauben gilt. Sogar ausgestorbene Tierarten brauchen wir in der Stadt nicht!« Das Publikum spendete tosenden Applaus.

Während ich diese Zeilen auf meinem iPhone schreibe, lege ich mein Ohr noch einmal auf die Schiene der Geschichte. Auf einmal bin ich wieder da. Ich im Kinderwagen, geschoben von meinem liebenden Vater. Ich rieche die Fritteuse des kleinen Imbissstandes am Einlass des Tierparks. Ich höre die Geräusche des Affenhauses in meine kindlichen Ohren dringen und ich sehe den Zoodirektor vor mir, wie er mit angstgeweiteten Augen meine Hilfe erbittet. Ich spüre die Dankbarkeit der Aachener Zoobesucher und werde mir des Verhältnisses von Mensch und Natur gewahrer denn je.

Die Natur ist mehr als eine Quelle günstiger Ressourcen. Eine philosophische Kritik der Verbindung zwischen der modernen Aufklärung und der Beherrschung der Natur durch den Menschen steht im Zentrum der Geistesgeschichte des 20. Jahrhunderts. In Zeiten des Anthropozäns, des Klimawandels und der schmelzenden Permafrostböden bedarf das Verhältnis von Mensch und Natur einer endgültigen Klarstellung. Mein Beitrag aus dem Aachener Tierpark war zugegebenermaßen nur ein Tropfen auf dem heißen Stein. Im Krieg zwischen Mensch und Natur haben wir an diesem Tag eine Schlacht gewonnen. Mittelfristig wird sich herausstellen, wer von uns beiden am längeren Hebel sitzt oder auch den längeren Atem hat. Ihnen, liebe Leserinnen und Leser, will ich an dieser Stelle noch mal für Ihre Aufmerksamkeit danken. Es ist nicht selbstverständlich, dass Sie Ihre kostbare Zeit so einteilen. Trotzdem möchte ich Sie auch warnen, denn eine Verbrüderung mit der Natur bringt Gefahren mit sich, wie sie an jenem Tag im Aachener Tierpark zutage getreten sind.

Die Tiere des Aachener Tierparks leben bis heute glücklich und froh in ihren Behausungen. Auch einige Tierrechtsaktivisten könnten sich noch unter ihnen befinden, so genau weiß das niemand. Mit ihren schlichten Gemütern und ihren unterkomplexen Charakterstrukturen sind sie dort gut aufgehoben.

SCHEISSE, DIE BULLEN!

Wie meine Freundschaft mit der Polizei begann

Kennt ihr eigentlich Hip-Hop? Wenn ich euch frage: »Kennt ihr eigentlich Hip-Hop«, dann meine ich damit nicht einige findige A&Rs, die die Kultur mit Füßen treten und ihre History ausverkaufen. Und ich meine auch nicht Wack MCs ohne Legacy, die Drogenpartys auf Drogen feiern oder teuren Schmuck in die Kamera ihrer Luxusautos halten. Ich meine Hip-Hop, wie er 1989 in der Bronx erfunden wurde. Ich war selbst dabei, wie ich euch vielleicht später noch erzählen werde. Ich meine damit Beats für die Beine und eine Message für den Fairstand. Ich meine Diggin' in the Crates, bis die Finger wund sind. Ich meine Respekt für die Kultur und ihre Geschichte. Dis, wo ich herkomm, und das ist auch, was ich meine, wenn ich sage Hip-Hop. Ok? Danke!

Hip-Hop, das ist mehr als Musik. Hip-Hop hat vier Elemente. Each one Teach one und Breakdance Battle – die sportliche Auseinandersetzung zweier MCs, in der es auch heiß hergehen kann, obwohl es friedlich bleibt. Für Hip-Hop habe ich ein warmes Herz. Und das ist auch cool, denn die Kultur ist ein Teil von mir und ich werde immer ein Teil von ihr sein. Das meine ich ernst, kapiert? Ich bin ein waschechter MC. Wenn ihr mich irgendwo seht, dann kommt bitte und testet mich. Aber nicht mit den Fäusten, sondern verbal mit der Kraft eures Gehirns, eurer spontanen Kreativität und der Schnelligkeit eurer Zunge. Ich bin immer bereit zu spitten, ich bin ein Rap-Soldat und stehe ständig auf Abruf, jede Cypher zu rocken.

Ich weiß noch genau, wie das alles begann. Ich habe Bars gekickt, es real gekeept, ich habe dues gepayt, den Namen meiner Crew gesprayt. Hip-Hop ist mehr als eine Kultur. Es ist ein Movement, das sich bewegt. Und im Wort Movement, auf Spanisch »*movimento*«, steckt immer schon Bewegung drin. Wir müssen in Bewegung bleiben, um in Bewegung zu sein. *Keep moving,* Junge. *If you can't stand the heat, get out of the kitchen*, das hat schon Coolio gerappt. Außerdem sagt es auch die Feuerwehr. Aber das wisst ihr bereits. Ich bin jedenfalls nicht Coolio und ich will es auch nicht sein, denn ich bin stolz auf den Weg, den ich bis hierhin zurückgelegt habe, und will ihn auch mit niemandem tauschen. Mit niemandem, versteht ihr das? Hip-Hop heißt, stolz darauf zu sein, woher man kommt. Versteht ihr das? Ihr müsst das verstehen!

Habe ich euch eigentlich schon erzählt, wie ich das erste Mal eine Cypher gerockt habe? Nicht? *Come on*, wirklich nicht? *You're kidding me!* Also noch mal: Ohne Hip-Hop bin ich tot wie ein Baum ohne Blätter, ich bin zwar *fly*, aber nur wie ein Adler, dem man die mächtigen Schwingen gestutzt hat, wenn ihr versteht, was ich meine. »Scheiße, was ist eigentlich eine Cypher?«, werden sich jetzt die Jüngeren unter Ihnen, liebe Leserinnen und Leser, fragen. Nun, das werdet ihr gleich erfahren.

The Aixzibitz war das Derbste und Realste, was Aachen City um die Jahrtausendwende herum an Rap zu bieten hatte. »Hejo, zünd den Dübel an«, hallte es durch die Straßen des Frankenberger Viertels, als Ritchie Rich und MC Smurf, Aachens ungekrönte Kings, das Mic wechselten. Es gab ja auch nur eins. Egal, Hip-Hop war, anders als heutzutage, noch nicht digitalisiert, sondern eine Kultur der Straße und das MZEE-Forum hatte erst 13 User. Raptexte kannte man von Tapes, Freestyle-Sessions, Viva und

MTV oder lernte sie direkt aus den Booklets der CDs auswendig, die man in der Black-Music-Abteilung von Media Markt in der Franzstraße oder im Untergeschoss des ELPI am Markt für etwa 30 D-Mark kaufte. Stellt euch das mal vor, heute wären das über 60 Euro.

Was ist also eine Cypher? Cypher ist ein englisches Wort. Es ist eine Abkürzung, eine niederländische Metal-Band, aber auch ein Begriff aus dem Repertoire der Hip-Hop-Kultur, über die ich zu Beginn des Kapitels gesprochen habe. Hier beschreibt das Wort die Abfolge, in der verschiedene im Kreis stehende MCs ihr Können im spontanen Erfinden sich reimender Sätze vergleichen. Wer nicht rappt, der klatscht den Takt. Und wer nicht klatscht, der wird geklatscht. Nur ein kleiner Scherz am Rande, so brutal geht es meistens nicht zu.

The Aixzibitz, jenes lokale Hip-Hop-Movement, dem ich einige Jahre später angehören und es dann aus Versehen kaputt machen sollte, veranstaltete Ende der 90er- bis Anfang der 2000er-Jahre regelmäßig große Hip-Hop-Get-togethers im Aachener Musikbunker. Das waren heftige Jam-Sessions, zu denen alle echten MCs aus Aachen und dem Umland zusammenkamen und heiße Reime rappten, was das Zeug hielt. Die Crème de la Crème der Szene war da, ein Schaulaufen aller MCs, DJs, Writer, B-Boys und Beatboxer, die in Aachen Rang und Namen hatten, aber auch ein Treffen begeisterter Mädchen und Buben, wie ich damals einer war, die zu diesen Lichtgestalten der Kultur aufschauten. Und ich rede nicht von dem Aufschauen, wenn man vertieft in eine Sache von einem Geräusch oder einer Ansprache aufschreckt. Ich rede hier vom Aufschauen wie ein Sohn zu seinem Vater oder Torch zu Afrika Bambaata.

Die Partys hatten ein klares Vorbild und waren nach dem Muster fetter Mongo-Jams organisiert, wie die Clikke um die Masterminds Eißfeldt, Denyo und Samy Deluxe sie im Eimsbush Basement abzuhalten pflegte. Ladys und Gentlemen, ich will euch jetzt hören für Hip-Hop, im Ernst, egal wo ihr dieses Buch gerade lest, gebt mir ein »Oh yeah«! Ihr seid die Besten! Gebt mir ein »Hell yeah«!

Meine erste Cypher erlebte ich im Mai des Jahres 2001. Ich war bereits ein gern gesehener Stammgast der mittlerweile über die Landesgrenzen hinaus berüchtigten und magischen Aachener Hip-Hop-Nächte und radelte auf dem Damenfahrrad der Marke Kettler, welches ich meiner Mutter gestohlen hatte, Richtung Hauptbahnhof. Der Bahnhof war dem Autonomen Zentrum damals über einen unterirdischen Fußgängertunnel direkt angeschlossen, sodass bereits Hunderte begeisterte Hip-Hopper aus den Regionalzügen in den zum Club umfunktionierten ehemaligen Nazibunker strömten, in dem ich mich ein paar Jahre später radikalisierte.

Doch Politik, das war mit meinen gerade mal 16 Jahren gar nicht mein Ding, wenngleich ich mit 14 eine Zeit lang Mitglied in der Jungen Union gewesen war, bis ich meinen Mitgliedsausweis verlor und meine zahlreichen Schreiben mit der Bitte um einen neuen Ausweis unbeantwortet blieben. Vielleicht bin ich auch heute noch Mitglied in der Jungen Union, das weiß ich nicht so genau, denn ein offizieller Ausschluss wurde mir nie zugestellt. Egal, Alter! Für jene Mainacht in Aachen hatte ich mir auf jeden Fall fest vorgenommen, das erste Mal ans Mikro zu steppen.

»Und ich weiß es ganz genau …«, rappte Aachens finest Ritchie Rich, der sich mittlerweile Flopster nannte, mit Schallgeschwindigkeit mitten in das Mikrofon hinein und riss seine Augen weit auf wie eine Eule, ein Kuckuck, ein Koboldmaki oder ein Uhu. »Ich bin der Typ, der sich eine Bong quarzt«, rappte eine blasse Gestalt im dunkelgrünen Parker mit Fellkragen und schulterlangen fettigen Haaren. Das Mikro wurde von Mann zu Mann gereicht und mir wurde klar, dass ich gleich an der Reihe sein würde. Nur noch zwei Wack MCs waren vor mir, ein dunkelhaariger Mann mit Feuerwehrhelm und ein kleines Mädchen. Der Feuerwehrrapper gab ein beeindruckendes Arsenal an Schimpfwörtern von A wie Arschloch bis Z wie Zecke von sich. Die Konsequenzen für den Helmträger sollten nicht lange auf sich warten lassen. Dann griff das Mädchen zum Mikrofon und setzte ein: »Hallo Freunde, nun seid doch nicht so stur / Wir brauchen im Deutschrap 'ne lebendige Debattenkultur / Ein starkes Deutschland kann nur in einem starken Europa erblühen / Ich wähle CDU, SPD, FDP und Grün.« Die Türgruppe der lokalen Antifa prügelte beide in einer Gewaltorgie die Treppen hinauf und ich war dran. »Danke, liebe Türgruppe! Also passt auf, ihr Scheißer, ja? Uns ist das scheißegal, ob jemand aus Berlin kommt oder Hamburg oder sonst woher. Uns ist das scheißegal, wo du herkommst, scheißegal, ob du schwarz bist oder weiß. Scheißegal, ob jemand Türke ist oder Deutscher. Versteht ihr mich, ihr Wichser? Weil all die Leude ham Bock drauf, dass wir spielen. Und ihr kleiner Scheißhaufen werdet das Konzert nicht in Arsch machen.« Die Menge johlte.

Meine Handflächen waren schwitzig, die Knie weich und die Arme schwer. Schon kotzte ich Mutters Nudeleintopf auf meinen Pullover. Ich war nervös, doch oberflächlich betrachtet machte ich einen ruhigen Eindruck und wirkte bereit, Bomben zu werfen. Ich vergaß, was ich aufgeschrieben hatte, und das Publikum wurde so laut. Ich öffnete den Mund, aber die Worte kamen nicht heraus. Ich schluckte und besann mich. »Eure Hurensohnparty ist für mich eine Beleidigung, in Aachen gibt es keinen guten Rapper außer einem. Punkt. Du bist jetzt leise, Jung, weil hier wird jetzt deutsch gerappt, ich bin der Neue jetzt, guck, wie eure Träume plätzt.« *The crowd went nuts. I knew that I had marked a turning point in history. But this was just the beginning of which everybody around was quite aware. Forget everything you know, because what was about to happen, would make us start from scratch.* Von nun an hieß es Bühne frei für *the one and only. That night a star was born* in Aix-la-Chapelle. Und dieser Star war gekommen, um zu bleiben. Panik Panzer *had started a new era.*

Küsschen hier, Küsschen da, Shakehands, Props und Männer-Checks. Die Anerkennung, die mir nach meinem gelungenen Auftritt von allen Seiten entgegenschlug, hätte rührender nicht sein können, wäre sie nicht so heuchlerisch gewesen. Die Anspannung auf Partys wie diesen lag tonnenschwer in der Luft und die unterschwelligen Aggressionen waren mit allen Sinnen zu erfassen. Ein falsches Wort und der ganze Laden würde explodieren. Hier gönnte keiner dem anderen die Butter auf dem Brot, denn Hass, Neid und Missgunst wurden in der Euregio immer schon großgeschrieben.

»Ey, du bist doch Panik Panzer«, schrie mir ein großer Junge von bauernhafter Erscheinung und kräftiger Statur aufgeregt von der Seite zu. »Ich fand deinen Auftritt ganz große Klasse, richtig spitze sogar. Ich kenne deine Brüder, denn wir sind in einer illegalen Graffiti-Crew.« Ich wischte mir seelenruhig seinen Speichel vom Ohrläppchen und signalisierte mit pathetischem Gestus, dass er von mir nichts zu befürchten hatte. »Du musst keine Angst vor mir haben«, beruhigte ich meinen neuen Freund. Tatsächlich kam der Bucklige mir bekannt vor, ich hatte ihn einige Tage zuvor in Begleitung meines ältesten Bruders gesehen. Zusammen hatten sie den Kofferraum des Trabant, den mein Bruder neuerdings allen Ernstes als Fortbewegungsmittel nutzte, mit Pinseln, Quasten und alten Farbeimern beladen.

Vom Aktionskünstler und Imbisswagenbetreiber Taki 187 Anfang der 70er-Jahre in New York erfunden, hatte sich das Graffiti-Virus innerhalb weniger Wochen über das Binnengewässer des atlantischen Ozeans bis nach Deutschland durchgeschlagen und in Windeseile von der Großstadt bis in den hintersten Winkel der west- und ostdeutschen Provinz ausgebreitet. Nur der Freistaat Bayern war von der unfreiwilligen Umgestaltung von privatem und staatlichem Eigentum weitgehend verschont geblieben, wusste er die Taten einmal erwischter Sprüher und Graffiti-Gangsterbanden doch durch drakonische Strafen zu unterbinden. Historiker konnten jüngst erst nachweisen, dass bis in die späten Neunziger noch Fälle öffentlicher Auspeitschungen erwischter Schmierfinken auf niederbayerischen Marktplätzen stattgefunden haben.

Heute, mit einigen Jahren Abstand und meiner jetzigen Lebenserfahrung, empfinde ich ein positives Gefühl gegenüber dem harten Durchgreifen der niederbayerischen Judikative. Doch damals, als der Aachener Bauernjunge mich nach meinem gelungenen Auftritt auf der Hip-Hop-Party für eine neue Graffiti-Crew gewinnen wollte, war ich ein Outlaw: gegen die Bullen, gegen den Staat und gegen das Gesetz. Graffiti war voll im Trend und das Ding, das ich machen wollte. Ganze Straßenzüge in Berlin, Leipzig oder Osnabrück hatten sich längst ihrer ursprünglichen Fassadenfarbe entledigt. Fat Cap Tags, full-color-face-to-street pieces, Wholecars, Top2Bottoms, Simple Styles, Bubble Styles und Wild Styles prägten allseits das Stadtbild. Eine Besonderheit der Stadt Aachen ist übrigens, dass die lokalen Writer meiner geliebten Kaiserstadt bis heute noch traditionell mit Pinsel und Farbeimer arbeiten, da die Vorzüge einer Aerosol-Sprühdose tief im Westen kaum bekannt sind.

»Sollen wir eine illegale Graffiti-Crew gründen?«, fragte der Bauernhafte schließlich aufgeregt, nachdem er mir einige Getränke bezahlt hatte. Seine Familie betrieb einen Verkaufsstand für Kartoffeln, Knoblauch und Zwiebeln auf dem Aachener Wochenmarkt und kam gut damit aus. »Wie wär es mit UKKSHHH-Crew?«, schlug er vor. »Das ist ein Akronym für: ›Uns kann keiner schnappen, hahaha‹«, erklärte er seinen Einfall. Ich willigte ein und schmunzelte pflichtbewusst. Wir packten einen betrunkenen Punker, der für seine Dummheit bekannt war, und meinen flüchtigen Bekannten Andreas, einen sogenannter Pico Gangster, der mit seinen gerade mal 13 Jahren schon als Intensivtäter in der Polizeikartei geführt wurde. »Die könnten uns nützlich sein«, erklärte ich dem Sohn eines Kartoffelbauern und berief mich auf das bewährte Hierarchiegefälle der Burschenschaft, die ich zu dieser Zeit probeweise bewohnte. Hier dienten die Füchse den Burschen und die Burschen den Alten Herren, und das fand ich super.

Mit zwei Farbeimern der Marke Alpina, Quasten, Pinseln und einem Skizzenbuch bewaffnet schlichen wir kurz darauf über das Kopfsteinpflaster der Altstadt zu einer Mauer, die konisch zulaufend an der Zufahrt eines verspiegelten Wolkenkratzers lag. Die Nacht hing schwer und tief über uns, der Vollmond spiegelte sich in den Scheiben des gewaltigen Wohnturms und alle Aachener schliefen tief und fest. Ich schaute auf meinen Sketch, den ich mit einem Füller der Marke Lamy auf kariertem Papier angefertigt hatte, und übertrug die Buchstabenfolge UKKSHHH dick, blockig und voll erkennbar sofort mit einem Pinsel auf die braune Fassade. Das war das pure Bombing! Der Punker und der Pico hatten sich links und rechts der Straße postiert, denn sie erfüllten ohne großes Murren ihre Fuchspflicht und hielten Ausschau nach den Scheißbullen.

Seit über einer Stunde strichen wir nun schon die Hauswand. Außer einem stadtbekannten Irren, der jede Nacht als Clown verkleidet in einem Eiswagen die Straßen auf und ab fuhr, waren keine besonderen Vorkommnisse zu verzeichnen, die uns bei der Ausführung unserer Straftat gestört hätten, als Pico Andreas plötzlich auffuhr: »Scheiße, die Bullen!« Der verdammte Punker war eingeschlafen und hatte den Streifenwagen, der gerade um die Ecke bog, nicht rechtzeitig bemerkt.

Mir war sofort klar, dass diese Situation eine starke Führungspersönlichkeit benötigte. Hier galt es nun, solidarisch zu sein, auch die Schwächsten unserer Gruppe mussten vor dem langen Arm des Gesetzes geschützt werden und dafür musste einer den Ton angeben, also übernahm ich instinktiv das Ruder: »Folgt mir, Leute, ich bring uns hier raus. Keine Sorge, ich kenn mich in der Gegend gut aus und weiß, wie wir die Bullen abschütteln können. Vergesst nicht, was hier geschieht, ist Kriminalisierung von Kunst, und das lassen wir uns nicht gefallen. Sie können uns unser Leben nehmen, aber niemals unsere Freiheit! Und überhaupt, damit eines mal klar ist: Wir lassen uns nicht den Spaß versauen. Von niemandem. Und vor allen Dingen nicht von den Bullen.«

Nach meiner mitreißenden Ansprache wies ich die Bande an, mir zu folgen. Ich spurtete flink in einen Garagenhof, der rechts der frisch gestrichenen Mauer lag, dicht hinter mir im Gänsemarsch der Bauerntölpel und Andreas. »Wir müssen den Punker retten«, schrien mich die beiden bitterlich weinend an, aber es war zu spät, die Cops hatten ihn bereits am Schlafittchen gepackt. »Wir können nichts mehr für ihn tun, es ist zu spät«, analysierte ich die für den verschlafenen Punker ausweglose Situation. »Los jetzt, mir nach!«, befahl ich und bemerkte sodann, dass wir uns in einer Sackgasse befanden. Scheiße! Ein Streifenwagen kam mit quietschenden Reifen vor der Hofeinfahrt zum Stehen und schnitt uns den einzig möglichen Weg in die Freiheit ab. »Stehen bleiben, ich schieße!«, schrie ein dicker Polizist mit freundlichem Schnauzbart und gab einen Warnschuss ab. Der gesamte Block war plötzlich blau erleuchtet und die Männer in Grün, es waren mittlerweile locker zehn bis zwölf Streifenwagenbesatzungen vor Ort, feuerten weitere Schüsse in den sternenklaren Nachthimmel ab. Die Lichtkegel der Taschenlampen der Marke Maglite suchten die Garageneinfahrt ab. Mit einem Hechtsprung rettete ich mich in das einzig mögliche Versteck, den letzten Ausweg, eine zufällig herumstehende Biomülltonne.

»Haben wir euch, ihr Schmierfinken«, hörte ich einen der Bullen außerhalb der Tonne triumphieren. Kurz darauf klickten bei Andreas und dem Bauernburschen die Handschellen. Ich hielt den Atem an. Hatten sie mich bemerkt? Hatten sie die Anzahl der Verdächtigen gezählt? Würden sie mich suchen? Die Geräuschkulisse aus heraneilenden Martinshörnern, Schüssen, Schluchzen, Klicken, Trippen und Trappen wurde zusehends leiser und ich wähnte mich allmählich in Sicherheit. Krachz! Einer der Bullen, er stand wohl direkt neben meiner Mülltonne, biss in einen Apfel. »Wat ist dat denn, au hur? Hier is ja ein Würmsche drin. Bah«, schrie er angewidert, öffnete den Deckel meines Verstecks und spuckte mir den Apfel-Speichel-Brei auf den Kopf.

»Guten Tag, mein Herr, ich bin Panik Panzer und ich wohne hier drin«, begrüßte ich den verdutzten Polizeioberkommissar freundlich. »Ich bin froh, dass Sie gekommen sind, denn schon seit einigen Stunden haben Kriminelle hier ihr Unwesen getrieben, Eigentum beschädigt und mich in Todesangst versetzt.« Konsterniert schaute der Apfelfeind auf mich hinab. »Bah«, blaffte er mich schließlich an, »du Ekelhafter! Ey Jungs, kommt mal alle her. « Die schaulustigen Bullen versammelten sich um die Tonne und begutachteten die unverhoffte Wendung des Falls mit einer Verwunderung, als wäre ein Außerirdischer vor ihnen aus einem Ei geschlüpft. Diese verdammten Bullen, jetzt hatten sie mich doch noch bekommen. Staat gegen Panik Panzer, 1 : 0. Ich war am Arsch. Was würden meine Eltern sagen, die mich zu dieser Zeit noch in ihrem Hause duldeten? Ich wusste, dass Sachbeschädigung nach § 303 des Strafgesetzbuches mit einer Freiheitsstrafe von bis zu zwei Jahren geahndet wurde. Die Situation sah nicht gut aus, denn ich saß nicht nur zwischen Fischgräten und Gartenabfällen in einer Mülltonne, sondern auch mit einem halben Bein im Knast. Und außerdem hatte ich Apfelbrei auf dem Kopf.

»Sie sind gefeuert!«, schrie der Uniformierte mit den meisten Sternen auf der Schulter plötzlich. »Schluss! Aus! Ende! Unehrenhaft entlassen. *Finito*! *Comprende*?« Ich verstand nicht. »Wie können Sie es wagen, als Polizeibeamter der Bundesrepublik Deutschland diesen armen Mann, der gezwungen ist, in einer Biomülltonne zu wohnen, derart herabwürdigend zu behandeln und sogar zu bespucken? Es ist unsere Pflicht als Polizisten, die Bürgerinnen und Bürger dieses Landes zu schützen und ihre Rechte zu wahren. Doch schikanieren dürfen wir sie niemals!« Ich setzte mein traurigstes Gesicht auf. Der Polizeimobber übergab Waffe und Dienstmarke an einen Kollegen und trottete niedergeschlagen in die Dunkelheit. »Mein Herr, entschuldigen Sie bitte vielmals. Kommen Sie doch gerne zu uns auf die Wache, wo wir ihnen neben einer Dusche und einer Tasse herrlich dampfenden Kaffees auch Köstlichkeiten aus fernen Ländern anbieten möchten.«

Liebe Freunde, liebe Leserinnen und Leser, ich weiß, dass viele von Ihnen skeptisch auf die Polizei schauen. Doch in dieser Nacht habe ich etwas gelernt. Die Polizisten, die für mich nur Polizisten waren, sind zu meinen Freunden geworden. Und noch mehr: Die Polizei ist als exekutive Kraft eine der tragenden Säulen des sozialen Rechtsstaats. Bei aller berechtigten Kritik sind Polizisten für mich Respektspersonen, denn sie sind die Hüter der öffentlichen Ordnung. Im Ernst, wer was gegen die Polizei hat, kann nicht ganz dicht sein. Wir bezahlen diese Leute mit unseren Steuern. Wenn wir nicht damit zufrieden wären, wie sie arbeiten, wäre das rausgeschmissenes Geld. Und ich weiß nicht, wie es bei Ihnen aussieht, aber mein Geld ist mir zum Rausschmeißen zu schade. In einer Welt voller Ungerechtigkeit und Elend ist die Polizei unsere letzte Hoffnung. So ist es, so war es und so wird es auch immer sein.

DER GROSSE ZAPFENSTREICH

Wie ich einmal zur Bundeswehr ging

Habt ihr eigentlich gedient? Nein? Das dachte ich mir! Dann stellt jetzt mal die Lauscher auf, denn die Bundeswehr ist besser als ihr Ruf. Ich selbst durfte einige Monate meiner Jugendzeit in einer Aachener Kaserne das schöne und friedvolle Leben unter den Kameraden kennenlernen und so sehe ich die nun folgende Geschichte als überfälliges Plädoyer an meine Leser, auch diejenigen, die sich dem Pazifismus anhänglich fühlen, dem Themenkomplex Bundeswehr eine gerechte Chance zu geben. Sorry, ganz ehrlich, wer die Bundeswehr beleidigt, beleidigt auch mich.

Bereits im frühesten Kindesalter, den Babyspeck noch nicht ganz abgeschüttelt, beschäftigte meine Freunde und mich nicht selten die Frage, ob wir eines Tages, wenn wir mit der Schule fertig wären, zur Bundeswehr gehen würden oder doch lieber den Zivildienst ableisten wollten. Während eine weitere Frage, nämlich die, welcher Schokoriegel der Marken Twix, Snickers, Bounty, Mars oder Milky Way der beste sei, regelmäßig in gewaltsamen Kontroversen endete, waren wir Kinder uns in der Sache zur Bundeswehr alle einig. Zivildienst, darunter stellte man sich die Pflege sabbernder Senioren vor, denen man den Arsch abwischen musste, was wir bei uns selbst schon als anstrengende Tätigkeit empfanden und daher regelmäßig verweigerten. Wie schlimm konnte diese entwürdigende Handlung dann erst bei den schrumpeligen Omas und

Opas sein? Die Bundeswehr hingegen schien uns als paradiesisches Versprechen.

Als Kinder antiautoritärer Familien dürstete es meine kleinen Kameraden und mich zeit unseres Lebens nach Tugenden wie Ordnung, Disziplin und Gehorsam, die wir aus unseren Elternhäusern nicht kannten. Meine Clique bestand inklusive meiner ausschließlich aus verweichlichten, dicken Jungen und Mädchen ohne einen Funken Anstand und Respekt. Ich empfinde es bis heute als schlimme Schande, dass die staatliche Züchtigung der Kaserne uns bis zur Volljährigkeit verwehrt blieb, hätte sie doch damals bereits Schlimmeres verhindern können. Nicht selten traf man mich bettelnd vor dem Kasernentor. »Lasst mich rein, BITTE!!«, flehte ich mit feuchten Kulleraugen, bis Mutter kam, um mich abzuholen. Ratlos und entschuldigend suchte sie die Blicke des Oberfeldwebels, der ihre Nummer aufgrund meiner regelmäßigen, hochdramatischen Kasernenbesuche schon auf der Schnellwahltaste seines Feldtelefons gespeichert hatte.

Wir verbrachten unsere Nachmittage gerne mit dem Bemalen kleiner Panzermodelle der Marke Revell, die wir im Spiel- und Schreibwarenladen der Familie Spreng, einem über Generationen gehaltenen Familienbetrieb in der Pfungstädter Straße, von den Ladenbesitzern unbemerkt in unsere geräumigen Tornister der Marke Scout räumten. Als ich meinen Vater einmal fragte, ob ich für die Militärspiele im nahe gelegenen Kalksandkiefernwald einen maßgeschneiderten Militäranzug in Tarnfarben bekommen könnte, willigte er spontan ein und beauftragte den lokalen Schneidermeister, der seine Schneiderei zur Untermiete in Tilly's Modestübchen betrieb, mir eine olivgrüne Tarnuniform anzufertigen. Leider war meine Mutter damit überhaupt nicht einverstanden und vernichtete das wunderbare Kleidungsstück in einem Anfall von wütender Raserei. Sie zerriss den feinen Zwirn und verbrannte jedes einzelne der kleinen Stoffstücke. Für mich war dieser Verlust extrem schwer zu verschmerzen und ich habe ihn bis heute nicht richtig verarbeiten können.

Mein ältester Bruder, leider ein begeisterter Pfadfinder, der andauernd unnützen Survival-Kram in einem schwarz-weiß kopierten Outdoor- und Militär-Katalog eines Unternehmens namens Räer bestellte, hatte gesehen, wie meine Mutter die Beherrschung verlor. Als vernünftiger und reflektierter Mensch mit einem ausgeprägten Gerechtigkeitssinn wusste er, dass ich in der Angelegenheit im Recht war, und bestellte mir die gewünschte Uniform. Während er mir den Tarnanzug mit einer Schleife verziert an meinem Namenstag überreichte, packte er die Gelegenheit am Schopfe, mir dafür zu danken, dass es mich gibt. Das fand ich wirklich klasse damals.

Mein Traum in Flecktarn, den ich zum Schutz vor der Zerstörungswut meiner Mutter in einem alten Putzeimer in der Garage versteckte, begleitete mich fortan bei jedem Ausflug in den nahe gelegenen Wald, wo ich mit meinen ebenfalls kriegsbegeisterten Freunden kleine Schützengräben aushob und historische Schlachten nachspielte. Bewaffnet mit einem Knallplättchen-Snipergewehr der Marke Sohni-Wicke, das ich mir mittels Anwendung der neurolinguistischen Programmierung bei einem der seltenen Ausflüge in den Darmstädter Toys'r'us-Store herbeiargumentiert hatte, lag ich eines Tages in einem Erdloch und schoss wahllos auf Rentner, Penner und andere Passanten, die es wagten, die Lichtung des Waldes zu betreten, die wir an diesem Tag unter unsere militärische Kontrolle gebracht hatten.

»Trrrrrrt, ratatatatat«, imitierte ich die Schussgeräusche, die mein schönes Gewehr nicht in der Lage war zu erzeugen, und zielte auf ein Spaziergängerschwein, das gerade gänzlich unbeeindruckt von meiner Drohkulisse die Frontlinie durchbrach.

Auf einmal erkannte ich die Frau. Es war unsere Nachbarin Frau Wangemünde, eine gute Freundin meiner Mutter, die alle Fenster ihres Hauses mit Traumfängern dekoriert hatte und schon öfter im Morgengrauen mit einem Weihrauchfass in ihrem verwilderten Garten gesichtet worden war. »Was macht ihr denn da?«, fragte die sichtlich irritierte Frau im Leinenkleid und trat plötzlich mit ganzer Kraft auf mich ein. Ich hob die Arme schützend vor mein Gesicht und krümmte mich zusammen, um ihren nun folgenden Gewaltausbruch möglichst unbeschadet zu überstehen.

»Dein Ernst, Panik Panzer? Eine Waffe? Weiß deine Mutter das?«, schrie die Beknackte immer noch auf mich eintretend. Ihr hysterisches Geschrei hallte durch die Kiefern und nach einem gezielten Tritt ihrer Birkenstock-Latschen brach meine harmlose Spielzeugwaffe schließlich in zwei Teile. In diesem Moment wusste ich, dass ich zu meinem Schutz schnellstmöglich eine echte Waffe brauchte, sonst würde so was immer wieder geschehen. Oder mit Charlton Heston gesprochen: *The only one who can stop a guy with a gun is another guy with a gun.*

Fast wäre mein innigster Wunsch, eines Tages Teil des Bundesheeres zu sein, niemals in Erfüllung gegangen. Als mich im März des Jahres 2000 endlich ein Brief vom Kreiswehrersatzamt Jülich erreichte, der die lang ersehnte Einladung zur Musterung enthielt, schwang ich mich direkt auf mein Fahrrad und legte die 36 Kilometer zur Musterung in Rekordzeit zurück. Das Amt, das in einem dem Anlass unangemessen hässlichen Flachdachbau angesiedelt war, lag direkt neben einem Schnellrestaurant der Marke McDonald's und so sprintete ich nach einer kurzen Stärkung die Treppen des architektonisch eindrucksvollen Gebäudes hinauf und verlangte noch völlig außer Atem nach den Formularen zur Absolvierung des Kriegsdienstes.

»Nun mal langsam, kleiner Mann«, sagte der Soldat an der Rezeption allen Ernstes, »Ihr Termin ist erst in vier Monaten, aber wenn Sie schon mal hier sind, können wir mit der Musterung ausnahmsweise gleich beginnen. Warten Sie bitte, bis Dr. Olyschläger da ist.« Einige Stunden vergingen, bis Dr. Olyschläger endlich da war. Während ich bestens auf das folgende Prozedere vorbereitet und in freudiger Erwartung auf die berüchtigte Hodentastuntersuchung bereits im Begriff war, mich im karg gefliesten Untersuchungsraum frei zu machen, bremste der Arzt meine hastige Entkleidungsaktion schnell aus. »Nun warten Sie mal, junger Panik Panzer, ich würde gerne erst mal etwas mit Ihnen klären.« Mir stockte der Atem. »Haben Sie Brüder, die den Wehrdienst oder den Wehrersatzdienst schon absolviert haben?«

Scheiße! Das war meine größte Befürchtung gewesen und doch war ich nicht darauf vorbereitet. »Das ist mir nun ein bisschen peinlich«, stotterte ich wahrheitsgemäß, »aber meine beiden ältesten Brüder haben den Dienst an der Waffe verweigert und stattdessen den Zivildienst abgeleistet.« Enttäuscht und durchdringend schaute der Amtsarzt mich an. »Dann muss ich die Durchsuchung hier leider abbrechen. Wenn zwei Geschwister bereits den Wehrdienst abgeleistet haben, sind Sie zur Musterung nicht zugelassen. Tja, so ist das nun mal in Deutschland. Bitte schicken Sie mir die Geburtsurkunden Ihrer Brüder, den weiteren Papierkram erledigen wir.«

Es folgte einer der wenigen Momente meines Lebens, in denen ich meine Tränen nicht unterdrücken konnte. »Aber, aber«, schluchzte ich, »ich will zur Armee, ich bin ein Soldat!« – »Bitte verlassen Sie unverzüglich mein Amt, ich habe alles gesagt, was ich zu sagen habe«, hielt das herzlose Monster dagegen und schubste mich vor die Tür. Gesenkten Hauptes schob ich mein Fahrrad die 36 Kilometer nach Hause und begann in Gedanken mit der Ausarbeitung eines Plans.

»Sehr geehrter Dr. Olyschläger«, begann ich mein Schreiben, das ich tags darauf an meinen neuen Freund aufsetzte. Es folgte ein 73-seitiger hieb- und stichfester Argumentationsstrang, der Dr. Olyschläger erklärte, warum gerade ich ein Mitglied der Streitkräfte werden musste und was ich für Deutschland zu leisten imstande wäre. Die rhetorische Kirsche auf der Torte sollte mein strategisch ausgeklügeltes Postskriptum sein: »PS: Ihren Namen finde ich sehr gut.« Als ein paar Wochen später ein paar freundliche Feldjäger im Morgengrauen bei mir klingelten und mich wie gewünscht einberiefen, ging mein Traum endlich in Erfüllung.

Die Bundeswehr, das merkte ich schnell, ist kein Spaß. Die Kaserne in Aachen-Brandt galt zwar als eine der gehobenen Art, denn sie war laut Beschreibung mit Einzelzimmern statt mit Schlafsälen ausgestattet und die Kantine bot ein Sortiment bodenständiger Hausmannskost an. Tatsächlich bewohnten wir die engen Zimmer aber zu mehreren Personen und das Essen schmeckte mir auch nicht besonders. Die widrigen Umstände sollten dazu dienen, die Kadetten abzuhärten, sodass sie unter den Bedingungen eines echten Krieges nicht einknicken würden. Im Prozess der Ausbildung trennte sich so die Spreu rasch vom Weizen, wenn ihr versteht, was ich meine.

Da der Soldatenberuf für mich schon immer eine gewisse Faszination ausgeübt hatte, zielte mein Ehrgeiz darauf zu beweisen, dass ich das Zeug zu einem richtigen Krieger hatte. Der junge Panik Panzer war kein Idiot, und das sollte hier jeder sehen. Stolz präsentierte ich das Gewehr, hielt die Augen links oder rechts und exerzierte im Takt der Marschtrommel, die von einem kleinen Jungen mit roten Backen gerührt wurde, der mich stark an mich selbst erinnerte.

Wir durchliefen zahlreiche Lehrgänge, darunter unter anderem solche, die uns das Schießen oder Stechen mit dem Bajonett vermitteln sollten. Aber auch Schulungen in psychologischer Kriegsführung oder Atomwaffenkunde standen auf dem Programm. Mich persönlich reizte vor allem die Expertise in geostrategischen Fragen, die die politische Ordnung des territorialen Raumes mit Waffengewalt betrafen. Abends spielten wir auf unserem Risiko-Brettspiel die im Unterricht besprochenen Schlachten nach und zwei- oder dreimal kam auch der Verteidigungsminister vorbei, um uns dabei Gesellschaft zu leisten.

Den Verteidigungsminister bewunderte ich besonders. Von allen Soldaten war dieser Mann mir am liebsten und mein Idol. Das liegt daran, dass ich mich schon immer gern nach oben orientiert habe. Wenn ich einen Raum betrete, versuche ich sofort, die lokale Hierarchie und Statusordnung zu verstehen, um mich der mächtigsten und beliebtesten Person anzudienen und diese schließlich in einem schwachen Moment zu verdrängen. Ich bin so in meinem Leben gut gefahren und kann diese Strategie nur allen weiterempfehlen. Passend zu meinem eigenen Namen, gab ich diesem Prinzip gleich zu Beginn meines denkenden Daseins den Namen PPP: das Panik-Panzer-Prinzip.

Die Tugend der Disziplin, die mir in meiner Kindheit gefehlt hatte, brachte die Bundeswehr endlich in mein Leben. Bis heute falte ich mit Begeisterung Kleidung, Bettwäsche und Textilien aller Art mit chirurgischer Präzision und mathematischer Akkuratesse und keine andere Beschäftigung weiß mich in Zeiten von Stress so sehr zu erden. Die Kameraden in der Kaserne bemerkten mein Falttalent schnell und daher übernahm ich bald nach jedem Morgenappell die Herrichtung aller Betten meines Kasernentrakts und ließ mich im Gegenzug von meinen Kameraden mit einer fünfprozentigen Beteiligung an ihrer Besoldung entlohnen.

Nachdem ich meine Dienstleistung für einfache Soldaten und Gefreite nach kurzer Zeit nicht mehr anbot, da mir die Erträge nicht gefielen, zählten vor allen Dingen Stabsfeldwebel, Hauptmänner, Majore und sogar einige Generäle zu meinem Kundenstamm, die allesamt den höchsten Besoldungsgruppen im Militärdienst angehörten. So konnte ich durch das einfache Falten von Bettwäsche innerhalb weniger Zeit eine beträchtliche Summe Geld ansparen, welches ich auch dringend benötigte. Nun fragt ihr euch sicher, warum ich damals das Geld so dringend benötigte. Nun ja, ich will es euch gerne erzählen, denn dafür schreibe ich ja dieses sehr gute Buch. Ich plante, einen Panzer zu erwerben.

Meine erste Fahrt in einem Panzer, es war ein Leopard 2 der Marke Krauss-Maffei, erlebte ich im Vollrausch mit einigen Kameraden des Aachener Panzerbataillons. Dieser Abteilung eilte ihr Ruf voraus, die Typen waren die totalen Junkies, alle auf Crystal Meth, und immer bevor sich einer der Panzerfahrer wieder ein paar Kristalle durch die zum Schnupfröhrchen umfunktionierte Patronenhülse in die Nase zog, wurde das Prozedere zur Erheiterung aller Anwesenden mit dem Hinweis angekündigt, dass es wieder Zeit für ein Stückchen Panzerschokolade sei. Zum Brüllen!

Volker, ein stämmiger Panzergrenadier aus Übach-Palenberg, stand grinsend und wankend auf dem Truppenübungsplatz und fragte, ob ich auch mal fahren wolle. Was für eine dumme Frage, natürlich wollte ich. »Was für eine dumme Frage, Volker, natürlich will ich«, antwortete ich Volker auf seine dumme Frage. Die Kameraden und ich hatten an diesem Abend ordentlich Bananenweizen getankt, der Pegel war entsprechend hoch, doch die grundlegende Funktionsweise des Kettenfahrzeugs schnell erklärt und verstanden. So drehte ich mit dem Leopard johlend meine Runden auf dem Truppenübungsplatz und gab einige Schusssalven aus dem Kanonenrohr ab. »Ich will in die Stadt«, strahlte ich Volker an und bedingt durch den desolaten Zustand, in dem mein Saufkumpan im Panzer und ich uns gerade befanden, erhob der erfahrene

Grenadier keinen Einspruch, weshalb wir kurz darauf in unserem stählernen Gefährt die kleine Schutzschranke der Kaserne durchbrachen und das Vehikel von der Trierer Straße über den Adalbertsteinweg direkt in die Aachener Innenstadt lenkten.

Man muss dazu sagen, dass das Panzerfahren im öffentlichen Raum zu dieser Zeit recht verpönt war. Zivile Straßenzulassungen für Kettenpanzer waren seit dem Jahr 2000 nur noch sehr schwierig zu bekommen, nachdem ein Düsseldorfer Autohändler seinen weiß angestrichenen Panzer zu Werbezwecken durch die lustige Stadt am Rhein gesteuert hatte. Entsprechend unglücklich war die Aachener Bevölkerung über unseren nächtlichen Überfall – natürlich ließen wir es uns nicht nehmen, einige Male von der Kanone Gebrauch zu machen, wobei wir stets darauf bedacht waren, möglichst keine Zivilisten im Schussfeld zu haben.

Eine Studentin der Luft- und Raumfahrttechnik, die durch unser unachtsames Manövrieren des Militärfahrzeugs auf dem Aachener Katschhof unglücklicherweise ihre Beine verlor, war zum Glück schnell vergessen und so war die lustige Panzernacht von Aachen noch für Jahre die legendäre Geschichte schlechthin auf jeder Party.

Was will ich euch damit sagen? Wie der griechische Philosoph Heraklit einmal richtig bemerkte, ist der Krieg der Vater aller Dinge. Die amerikanische Halbleiterindustrie und das Internet, der oder das Katapult, der Schwedentrunk und Maschinengewehre – all das sind Erfindungen, die es ohne Krieg niemals gegeben hätte. Während selbstherrliche Friedensaktivisten sich an ihrer fehlgeleiteten Propaganda berauschen, verkennen sie, dass Krieg und Gewalt seit Anbeginn aller Zeit zum menschlichen Leben dazugehören. *We are at war and we will always be*. Krieg ist weder gut noch schlecht. Er ist aber notwendig und gehört zum Leben dazu. Unter anderem aus diesem Grund fordere ich die atomare

Wiederbewaffnung der bundesdeutschen Streitkräfte. Dass sie noch nie atomar bewaffnet waren, spielt hierbei keine Rolle, denn die Atombombe wurde in Deutschland erfunden.

NUDELN MIT MEHLSCHWITZE

Oder die goldenen Regeln des Sparens

Mit 17 Jahren schmiss meine Familie mich raus. Ich kenne den Grund bis heute nicht, doch obwohl der Familienrat mich anwies, mein Elternhaus von einem Tag auf den anderen zu verlassen – übrigens bis heute als Einziger der fünf Geschwister –, verbindet meine Familie und mich nach wie vor ein inniges, herzliches und ausgesprochen gutes Verhältnis.

Die Familie wird uns zum Eintritt ins Leben geschenkt, sie ist niemals das Produkt eigener Entscheidungen, sondern eine schicksalhafte Fügung, die kein Fehler sein kann und anzuerkennen ist. *La Familia*, zu Deutsch die Familie, steht bei mir stets an erster Stelle. Und so akzeptierte ich meinen zumindest räumlichen Ausschluss aus dem Schoß der Familie, ohne zu murren, denn dieser einstimmige Wunsch aller anderen Familienmitglieder konnte nicht falsch sein. Es war also Zeit zu gehen.

Heutzutage eine Wohnung zu finden ist nicht leicht. Die Alten werden immer älter, die Jungen immer jünger, der urbane Raum füllt sich zunehmend mit Menschen, während das Wohnungsangebot kontinuierlich abnimmt. Seit Jahren versuche ich vergeblich, meine Macht auf dem Immobilienmarkt auszubauen, denn ich weiß nicht, wohin mit meinem Geld. Man sollte niemals alle Eier in einen Korb legen, das weiß ich, aber was tun, wenn überhaupt kein Korb da ist?

Als ich 2002 plötzlich auf der Straße saß und von einem Tag auf den anderen auf mich allein gestellt war, befanden wir uns noch in einer völlig anderen Ausgangssituation. Mein Geburtsort Aachen strahlte als Lebensraum für Otto Normal keinen großen Reiz aus. Während die eine Hälfte der Ortschaft eine trostlose und vergessene Geisterstadt war, in der es spukte, wirkte die andere modernisierte Hälfte mit ihren Wolkenkratzern und der bunten Leuchtreklame wie die Enklave einer fernen Welt. Gerüchten zufolge war dieser Teil der Kaiserstadt nur einer geheimen Loge vorbehalten und kam für mein erstes eigenes Domizil somit nicht infrage, denn mit Logen hatte ich bisher noch nie gemeinsame Sache gemacht, wobei ich dies für die Zukunft auf keinen Fall ausschließen möchte.

Die Annonce war ein lokales Anzeigenblättchen und auf der Suche nach Dingen und Dienstleistungen aller Art immer der erste Anlaufpunkt. Zwischen Werbung für altes Geschirr, ausrangierten Haustierkäfigen und Nazidevotionalien fand ich schnell ein Inserat für ein kleines Zimmer im Haushalt einer älteren Dame, welches ich in der Folge für 20 Mark im Monat bezog. Ich war damals arm wie eine Kirchenmaus und verfügte lediglich über ein kleines Budget, welches mir meine Eltern auszahlten, damit ich sie von darüber hinausreichenden Forderungen unbehelligt ließ. Sie hatten sich von ihrem Sohn freigekauft, allerdings war ihnen diese Freiheit nicht besonders viel wert.

Die Frau, bei der ich wohnte, war Frau Blumenkohl, eine liebe Omi, die jedoch keinen Spaß verstand, wenn es um Kohle ging. Sie hatte ständig Angst, dass Leute sich an ihrem Geld bedienten und sie ausnutzten. Mildtätigkeit war von ihr also nicht zu erwarten. Auch meine Freunde waren sehr geizig und dachten in finanziellen Angelegenheiten ausschließlich an sich selbst.

Heute weiß ich, dass diese Haltung zur Welt völlig richtig und angemessen ist, denn ich bin erwachsen und habe es geschafft. Aus

Sicht des jungen Panik Panzers erschien mir die damalige Mittellosigkeit aber als unangemessene Zumutung. Anders als dies Martin Luther sagte, muss man denen, die wirklich arm sind, nicht helfen. Man sollte es tatsächlich auf keinen Fall tun, sonst werden sie unselbstständig und verlassen sich auf andere, die ihre Probleme lösen sollen. Sie fallen der Gesellschaft zur Last und hemmen ihre Entwicklung als unproduktiver Ballast.

Was diese Perspektive von den nationalsozialistischen Vernichtungsfantasien unterscheidet, ist ihr modernisierungsoptimistischer Impuls. Ich, Panik Panzer, bekenne mich daher zur modernen Sozialdemokratie, die die soziale Hängematte gegen einen modernen Apparat eingetauscht hat, der ihre ehemaligen Insassen fördern, fordern und zu neuen Höchstleistungen antreiben soll. Mit Gerhard Schröder stammt mein politisches Vorbild selbst aus einer sozial schwachen Familiensituation – großgezogen von einer alleinerziehenden Raumpflegerin hat er es bis an die Spitze unseres Landes geschafft. Toll! Fördern und Fordern ist seit eh und je meine Devise.

Aber das war nicht immer so. Einen Wendepunkt in meinem Leben markiert eine Lektion, die ein befreundetes Ehepaar mir erteilte. Ich war damals *broke* und hatte so wenig Geld, dass ich schon zur Monatsmitte gezwungen war, von Brotrinden und Hamburgerresten zu leben, die ich mit einer kleinen Angel aus den Mülleimern des McDonald's am Aachener Marktplatz zog. Diese schmeckten zwar nicht schlecht, aber man konnte sich nicht darauf verlassen, dass die Kunden der Filiale die dort erworbenen Burger in ausreichender Anzahl in den Abfalltonnen vor dem Ladenlokal entsorgten. Oft ging ich daher leer aus und trollte mich mit knurrendem Magen von dannen.

Ich bitte nicht gerne Leute um Hilfe, aber eines Tages versuchte ich mein Glück bei dem besagten Ehepaar. »Na, wie geht's euch so?«, fragte ich die beiden möglichst unauffällig. Ich wollte ihnen ja nicht das Gefühl geben, sie auszunutzen, denn so etwas lag mir fern. »Habt ihr vielleicht etwas zu essen für mich?« – »Ja, gut, danke. Schön, dass du dich mal wieder meldest. Wir dachten schon, du hättest uns vergessen«, antwortete einer der Ehepartner. In der Tat hatte ich seit Langem keinen Bock mehr auf die spießigen Langweiler. Dies durften die beiden aber unter keinen Umständen merken, denn mein Körper gierte nach neuen Kalorien und Nährstoffen wie Kohlenhydraten oder auch Spurenelementen. Ein normaler, gesunder Mann zwischen 19 und 25 Jahren benötigt in seinem regulären Kalorienhaushalt mindestens 3000 bis 4000 Kalorien. Aber auch hier gilt: je mehr, desto besser.

»Nein, wie könnte ich das?«, log ich. »Gerade weil es schon so lange her ist, ist es besonders schön für mich, euch wiederzusehen. Habt ihr vielleicht etwas zu essen für mich?« Ich wusste, dass die beiden Geizhälse unter keinen Umständen auch nur einen Bissen an mich abgeben wollten, gleichzeitig aber befürchteten, dass ich sie dafür bei gemeinsamen Freunden in ein schlechtes Licht rücken könnte. »Wir haben eigentlich gerade gegessen und es ist auch nichts übrig geblieben.« Mir war klar, dass das nicht stimmte, denn in den Flur des Mehrfamilienhauses, in dem die beiden wohnten, strömten aus ihrer Wohnungstür verräterische Gerüche. Ich vermutete, dass es Kohlrouladen oder Sülze gewesen sein mussten, die die beiden Lügenbolde sich hatten schmecken lassen. »Bitte!«, flehte ich die beiden an und warf mich dabei auf die Knie. »Wenn ihr nicht wollt, das ich verhungere, dann helft mir! Ich brauche eine warme Mahlzeit und etwas zu essen.« – »Ist das nicht dasselbe?« – »NA UND?«, schrie ich das Arschloch aus vollem Halse an. »Nun mach aber mal halblang«, entgegnete mir einer der Ehepartner. »Erst trittst du hier als Bittsteller auf und dann schreist du laut herum. Was sollen denn die Nachbarn denken? Bist du nicht mehr ganz bei Trost?«

Der Ehepartner hatte recht. Der Hunger hatte mir den Verstand geraubt. Aber wie schon Bertolt Brecht sagte – erst kommt das Fressen, dann kommt die Moral. »Bitte, bitte, erbarmt euch meiner – ich würde alles tun für ein Butterbrot oder eine mit Hackfleisch gefüllte Paprika.« Vor meinem inneren Auge malte ich mir die schmackhaftesten Gerichte aus. Ich sah mit Käse überbackene Kartoffelgratins, Erbsensuppe, Hausmannskost aller Art, Frikadellen und Bulletten, ein Straußenei und verschiedene Eistorten, Salamibrote, ja sogar die weggeworfenen Ham- und Cheeseburger vom Aachener Marktplatz wären mir nun recht gewesen.

»Ihr wisst schon, dass ihr riskiert, in die Hölle zu kommen, wenn ihr mich jetzt abweist?«, setzte ich die beiden unter Druck. Mein manipulativer Einwand schien den Arschlöchern zu denken zu geben. »*Well, that escalated quickly*«, rief aus ihrem Kinderbett die erstgeborene Tochter der beiden. Ihr Name war Anubia Symphony Red und sie war ein kluges Kind, das – ähnlich wie ich – meistens recht hatte. Mit ihren nur anderthalb Jahren hatte sie das große Konfliktpotenzial der Situation und die möglichen Folgeschäden für das Seelenheil ihrer beiden Eltern sofort erkannt. »Liebe Eltern, gebt dem jungen Panik Panzer etwas zu essen. Alles andere könnte euch zu einem späteren Zeitpunkt teuer zu stehen kommen und außerdem unserem Familienansehen schaden.«

Was Sie, liebe Leserinnen und Leser, hier sehen, ist ein grundlegender Unterschied in der Denkweise armer und reicher Menschen. Während die Armen überwältigt von den Herausforderungen der Gegenwart durch dringende Bedürfnisse determiniert im Moment leben, steht es den Reichen offen, über den Tag hinaus zu denken. Deshalb und nur deshalb sind die Reichen reich und die Armen arm. Reichtum, das lernte ich in diesem Moment, beginnt oben im Kopf. Aber nun wollte ich etwas zu essen haben.

»Ja, hört bitte auf das Kind« – »ihr Armleuchter«, setzte ich in Gedanken hinzu, denn ich wollte meinen durch die Unterstützung des jungen Mädchens gewonnenen Vorteil nicht sofort wieder verlieren. Widerwillig verzogen die beiden ihre Gesichter. Ich konnte sehen, wie sie innerlich mit sich rangen. Sollten sie ihr schwer verdientes Geld – beziehungsweise die dafür erworbenen Nahrungsmittel – wirklich diesem jungen Fettsack in den Rachen werfen, der offenkundig nicht bereit war, selbst für sein Geld arbeiten zu gehen?

Ich weiß nicht, warum sie sich am Ende entschieden, mir zu helfen – war es echtes Mitleid? Wollten sie durch ihre zur Schau gestellte Mildtätigkeit Schaden von der Familienehre abwenden? Oder waren sie einfach genervt und versuchten, mich möglichst schnell loszuwerden? Mit finsterer Miene willigten die beiden ein und baten mich in die Küche ihrer Wohnung, die von außen zwar klein und unscheinbar wirkte, sich im Inneren aber als luxuriöses High-Class-Appartement entpuppte.

»Hey, eine ganz schön lässige Hütte habt ihr da? Schon abbezahlt?«, fragte ich interessiert, um die Stimmung ein bisschen anzuheben. »Die Wohnung ist geleast«, scherzte einer der beiden. »HAHAHAHAHA Bro, GELEAST, *I get it*!! GELEAST!!!! Hahaha, das ist köstlich«, lachte ich aufrichtig. »Apropos köstlich – *I AM STARVING* – könntet ihr mir zufällig WAS ZU ESSEN ANBIETEN BITTE?«, fragte ich freundlich, aber bestimmt. »Ich weiß gar nicht, ob wir was im Haus haben«, wand sich einer der Geizhälse, während der andere vorgab, ein Telefonat zu führen. »JA GUT, DANKE, UND BEI EUCH SO«, quakte er affektiert in sein neues iPhone. »Wenn ihr nichts dahabt, könnten wir auch was bestellen«, schlug ich vor. »Vielleicht Pizza? Oder Sushi? Ich hätte echt Bock!«

»Jetzt hör mal zu, du kleiner Taugenichts«, brach es aus einem der Wohnungsinhaber heraus. »Du kannst hier nicht einfach so reinmarschieren. Unsere – ohne Frage sehr weitreichende – Gastfreundschaft hat ihre Grenzen. Und die hast du heute nicht zum ersten Mal überschritten.«

Ich überlegte. Der Mann hatte recht. Auf sehr ähnliche, ja nahezu identische Weise musste sich diese Szene im Verlauf der letzten Jahre und Monate etwa drei- bis viermal wöchentlich abgespielt haben. »Gib ihm die Mehlschwitze«, entfuhr es dem Mann, erschöpft von der Diskussion, und er wies seine Frau an, in der Speisekammer nach den entsprechenden Zutaten zu suchen. Sie spurtete in die Kammer, aus der sogleich für eine verdächtig lange Zeit ein Klimpern, Klappern und Rascheln aus der hintersten Ecke ertönte, die in Speisekammern bekanntlich nur von vergessenen und abgelaufen Konserven bewohnt wird. Etwa eine Stunde musste vergangen sein, als sie mit einer fast leeren Packung Nudeln, einer halben Tüte Mehl und ein wenig Bratfett, das sich gelb und ranzig aus den Rissen der schimmernden Verbundverpackung herausdrückte, auf der Schwelle erschien. »So, mein Lieber, das sieht doch schon mal ganz gut aus«, sagte der Herr des Hauses. »Da wollen wir mal sehen, ob wir dich damit sattkriegen, du lieber Junge!«

An Essen habe ich einen gewissen Anspruch. Und der wurde an dieser Stelle offensichtlich nicht erfüllt. Doch in meiner Zeit bei der Bundeswehr hatte ich gelernt, im Moment größter Not demütig aufzutreten und zu tun, was getan werden muss. »Herrlich, das sieht aber wirklich lecker aus«, log ich den beiden schmerzhaft ins Gesicht und schaute bestürzt zu, wie die Frau aus Mehl, Fett und Wasser einen unbekömmlichen Brei verklumpte, während auf dem benachbarten Cerankochfeld eine halbe Handvoll Spirelli verkochten. »Nicht mehr lange, gleich gibt's was Feines für dich«, sang die Frau mit vergnügter Melodie und schleuderte den unansehnlichen Matsch auf einen edel verzierten Porzellanteller.

Hatte das samaritische Ehepaar mir bei meinem ersten Notgesuch noch ein Menü schmackhaftester Köstlichkeiten aus aller Welt kredenzt – die beiden Angeber betrieben nämlich gleich mehrere der besten gastronomischen Institutionen der Stadt und konnten ausgezeichnet kochen –, sank die Qualität des mir servierten Essens von Besuch zu Besuch, zuletzt mit rekordverdächtiger Geschwindigkeit. Allen Anwesenden war klar, dass das traurige Spektakel an diesem Tag nicht nur einen Tiefpunkt, sondern auch einen Endpunkt erreicht hatte. »Augen zu und durch«, dachte ich mir und schob mir die Kohlenhydratfettpampe in Rekordgeschwindigkeit in den hungrigen Schlund. In meinem Frontallappen tobte ein Krieg zwischen Schluckbefehl und Würgereiz. Doch so, wie ich die widerwärtige Mehlpfütze aus Prinzip nicht verschmäht hatte, denn ich konnte mir die Dominanzgeste meiner Henker nicht gefallen lassen, würde ich die Frechheit auch nicht wieder ausspucken. Diesen Triumph würde ich meinen Peinigern nicht überlassen. Allerdings schmeckte dieses Essen so schlecht, dass ich es persönlich nehmen musste.

An diesem Tag wurde mir eine Lektion erteilt. Armut ist, wie bereits weiter oben angeführt, kein unabwendbares Schicksal, sondern in letzter Konsequenz selbst gewählt. Es gibt viele Möglichkeiten, Geld zu sparen, und einige von diesen möchte ich euch abschließend vorstellen. Zum Beispiel ist es ratsam, Briefe immer ohne Briefmarke zu verschicken. Was ihr tun müsst, damit eure Sendung trotzdem ans Ziel gelangt, ist ganz einfach: Schreibt an Stelle des Absenders die Adresse des gewünschten Empfängers auf den Umschlag. Der Brief wird dann, weil unfrankiert, wieder dem vermeintlichen Absender zugestellt und erreicht auf diese Weise seine tatsächlich designierte Zielperson.

Auch ist es ratsam, bei Restaurantbesuchen stets ein paar Tupperdosen und wiederverschließbare Pfandflaschen mit sich zu führen, welche man mit kostenfrei erhältlichen Gewürzen (Pfeffer, Salz, Sojasauce und Zucker, aber auch Chilipaste oder Parmesan) befüllen kann. Entgegen einer allgemein verbreiteten Auffassung bewegen sich Sparfüchse hier auf legalem Terrain, denn diese Nahrungsmittel sind preislich nicht ausgezeichnet. Wer das nicht glaubt, erkundige sich bitte bei den entsprechenden Verbraucherverbänden. Die Gewürze stehen einem auf jeden Fall zu.

Weiterhin bietet es sich an, andere Restaurantbesucher nach Essen zu fragen, welches sie nicht zu sich nehmen wollen. Da man nicht in alle Restaurants ohne Weiteres hineingelassen wird, noch ein weiterer Trick: Elegante Kleidung muss man nicht behalten. Am besten besorgt ihr euch vorher einen schicken Anzug oder ein teures Abendkleid, welches ihr hinterher gegen Vorlage des Kassenbons zurückgeben könnt. Auf diese Weise gelangt ihr an kostenfreie Vorspeisen wie Brot oder Aioli – da ihr gut gekleidet seid, wirkt ihr vertrauenswürdig und müsst nicht mal Getränke bestellen. Doch selbst wenn es nötig sein sollte, eine Order aufzugeben, könnt ihr diese nach Erhalt unter Verweis auf – tatsächliche oder ausgedachte – Mängel wieder zurückgehen lassen. Der Fantasie sind beim Essen zum Nulltarif keine Grenzen gesetzt.

Einen weiteren Trick zum kostenfreien Leben lernte ich im Umfeld einer linksradikalen Terrorgruppe, der ich kurzzeitig angehörte. Gemeinsam mit anderen schwarz vermummten Gestalten kletterte ich des Nachts über den Zaun eines Supermarktes der Marke Kaisers – bekannt aus der Tengelmann-Gruppe –, um aus den Müllcontainern wertvolle Lebensmittel zu bergen. Ihr werdet staunen, welch wertvolle Schätze sich dort fanden – Filet Mignon, Fischstäbchen, frischer Joghurt, Kaviar und Weinbergschnecken, Orangen- und Apfelsaft, Schokoladenkuchen, Cracker, Grabschafter Goldsaft, Zimtstangen, drei- und vierlagiges Toilettenpapier, Backpulver, Schokonikoläuse, Craftbeer, Spinat, Bratkartoffeln, frisches Dönerfleisch, Zander und Lachsforelle, Blattsalate, Maggi, Sekt und Wein, aber auch Selterswasser, Barsch, Dorsch, Aal, Walfleisch, Sushi, Gurken, Obstsalat, Fleisch in rauen Mengen, Kaffee, Tee, Wasser, Nusspli, Margarine, leider kein Nutella, Erdbeeren, zudem Kosmetika wie Nagellack oder Haarspülung, Fladenbrot und so weiter und so fort. Wer da noch einkauft, ist selbst schuld.

Eine Möglichkeit, Geld nicht nur zu sparen, sondern auch zu verdienen, erschließt sich über das Arrangieren von Mitfahrgelegenheiten. Wer ein Auto, Fahrrad, Motorrad oder sonstiges Fortbewegungsmittel besitzt, muss unternehmerisch denken. Jeder Meter, den ihr zurücklegt, ohne alle Plätze eures Gefährtes besetzt zu haben, kostet euch bares Geld. Unausgelastete Mobilität bringt euch ins Defizit und ist um jeden Preis zu vermeiden. Je höher die Beförderungsgebühr, desto profitabler und angenehmer das Reisen. Ihr müsst Entrepreneure werden! Aber sogar wenn ihr selbst über kein Fahrzeug verfügt, könnt ihr euch einen oder mehrere Sitze zusätzlich sichern und diese an andere Passagiere weitervermieten. Andere Mitreisende mögen zwar schwer zu ertragen sein, Erträge erschließen können sie euch trotzdem. Wenn ihr jede Wegstrecke so bewältigt, könnt ihr euch nebenbei ein nettes Taschengeld verdienen oder hauptberuflich in die Branche einsteigen. Aber Achtung, auch hier gilt: Wer zuerst kommt, mahlt zuerst.

Zu guter Letzt möchte ich euch, liebe Leserinnen und Leser, die zehn goldenen Regeln des Sparens nahelegen. Punkt 1: niemals neu anschaffen, was sich auch reparieren lässt. Punkt 2: Timing ist alles – Happy Hour statt teures happy Aua. Punkt 3: Nutzen Sie Werbeprodukte und kostenlose E-Mail-Accounts. Punkt 3: Kleidung nicht waschen. Punkt 4: Filzstifte im Essigbad reaktivieren, Bleistifte erst möglichst spät anspitzen. Punkt 5: Medikamente verschreiben lassen und teuer weiterverkaufen. Punkt 6: Preise vergleichen und die günstigeren Angebote nutzen. Punkt 7: keinen Urlaub machen.

ANTIFA HEISST ANGRIFF

Wie ich einmal Mitglied einer linksradikalen Terrororganisation wurde

Viele Menschen haben alles, aber nichts. Sie wissen nichts von Bescheidenheit und Unity. Und das muss auch so sein, weil das System so funktioniert. Doch es gibt ebenso Menschen, die sich damit noch nicht abgefunden haben. Sie wollen eine andere Welt, weil sie wissen: Eine andere Welt ist möglich. Es leben auf der Welt 100 Milliardäre, die das ganze Geld besitzen und andere für sich arbeiten lassen, damit es noch mehr wird. Viele Menschen haben damit kein Problem, aber es gibt auch welche, die das nicht mehr akzeptieren. *Another world is possible.*

Es gibt Feministen, die sich gegen die Unterdrückung der Frau einsetzen, und Umweltschützer, die den Klimawandel aufhalten wollen oder es zumindest versuchen. Ich, der Mann Panik Panzer, hege für all diese Anliegen große Sympathie. Progressive Bewegungen und alternative Lebensentwürfe sind das Ding, auf das ich stehe und das ich auch mache.

»*Hasta siempre*, Che Guevara!« – diesen Spruch des Sängers der Punkrock-Band Rage Against The Machine habe ich mir nicht umsonst tätowiert. Tätowierungen allein sind schon etwas Nonkonformistisches und da bin ich gerne dabei. Aber mir ist außerdem wichtig, dass Tätowierungen eine Aussage haben. Und die sollte idealerweise politisch sein. Viele Menschen haben Ideale, und das ist gut so. Sie setzen sich Ziele und wollen diese erreichen. Aber wie überall gilt auch hier: Der Weg ist das Ziel. Wenn wir die Welt verändern wollen, dann müssen wir bei uns selbst anfangen. Daher die Tätowierungen.

Ob Kommunismus, Anarcho-Primitivismus, Trotzkismus, Selbstversorgerwirtschaft oder ein gewerkschaftlich getragener Syndikalismus – ich bin offen für alle -ismen, solange sie irgendwie links sind. Links, das heißt für mich emanzipatorisch-progressiv, denn der Mensch ist frei geboren, doch liegt er, wie dies schon Jean-Jacques Rousseau formulierte, »überall in Ketten«. *Emancipate yourself from mental slavery*, denn Revolution beginnt im Kopf und das Private ist politisch. Und wer soll die neue Welt bauen, wenn nicht du und ich?

»Gute Frage«, denkt ihr jetzt sicher. Aber ich sage euch eins: Es kann die Befreiung der Arbeiterklasse nur die Sache der Arbeiter sein. Aus diesem Grund besuchte ich eines schönen Tages das Autonome Zentrum der Stadt Aachen, um mich über die Möglichkeiten eines linksradikalen Engagements zu informieren. Auf dieses politische Spektrum war meine Wahl nicht zufällig getroffen, denn Deutschland brauchte nicht nur eine starke Rechte, sondern auch eine starke Linke, wenn ihr versteht, was ich meine.

Ich trug eine Baggy-Pant der Marke Southpole und einen übergroßen weißen Pullover der Marke Illmatic, auf dem der genannte Markenname in Form eines großen graffitiartigen Filzaufdrucks aufgeprägt war. Meine neonfarbenen Fat Laces trug ich stets offen am abgetragenen Skater-Schuh der Marke Emerica, sodass jeder Schritt auf der langen Treppe hinab in den Bunker aus dem Zweiten Weltkrieg für mich Lebensgefahr bedeutete. Es roch beißend und ranzig nach Buttersäure, denn das Autonome Zentrum war regelmäßig Anschlagsziel einer Gruppe rüstiger Rentner aus dem Aachener Umland, die sich dem Nationalsozialismus verschrieben und beim gemeinsamen Besuch von Fußballspielen auf dem Aachener Tivoli radikalisiert hatten. In den Gassen der Kaiserstadt wehte damals der Geist von Weimar.

Unsicher wühlte ich in meinen Hosentaschen und fand zufälligerweise ein Deutschländer Würstchen, das der fleischverarbeitende Produzent der Wurst zu dieser Zeit testweise in einer cellophanierten Einzelverpackung in den Convenience-Food-Markt einzuführen versuchte. Schon immer war das Essen für mich ein adäquates Mittel gegen Nervosität gewesen, so wie andere Menschen zur Beruhigung der Nerven meditieren, Rasen mähen, Baldrian nehmen oder Xanax-Tabletten konsumieren. Einzelne Wortfetzen des sogenannten Plenums, einer im Stuhlkreis formierten Diskussionsrunde, hallten mir bereits im Treppenhaus entgegen.

»Wir stellen also die Frage nach der Notwendigkeit eines bewaffneten, feministischen, antipatriarchalen Antifaschismus, der sich nicht an überkommenen …«, piepste eine männliche Fistelstimme. »Deine Ideologie weißer, patriarchaler Dominanz kannst du dir sparen«, unterbrach ihn eine untersetzte Frau mit einem großen Nasenring und einer Ratte auf der Schulter. »Wenn eine revolutionäre Bewegung, die die ökonomischen Ausbeutungsbedingungen kippen will, nicht bereits im Kern antipatriarchal, antirassistisch, antikolonialistisch und antimilitaristisch ist, hat sie verloren.«

Knacks! Ich stand im meterdicken Türrahmen des Luftschutzbunkers und biss freundlich-interessiert dreinblickend in mein Würstchen der Marke Meica. Die Runde verstummte, die plötzliche Stille schlug mir bedrohlich entgegen. »So knackt doch keine Tofu-Wurst«, durchbrach einer der Schwarzgekleideten schließlich das beklemmende Vakuum. Ertappt! Vor Schreck ließ ich die Wurst auf den Boden fallen und einer der vielen im Raum befindlichen Hunde machte sich sogleich darüber her. Später sollte mir jemand erklären, dass die Hunde niemandem gehörten, sondern nur dort lebten. »Ich habe keinen Hund, ich lebe mit einem Hund. Das ist ein entscheidender Unterschied«, erörterte der Tierfreund. »Ey, die Hunde, die werden vegan ernährt!«, schrie die Ratten-Frau voller Wut. »Die ernähren sich vegan«, verbesserte der Tierfreund. »Hunde sind Pflanzenfresser.«

Vor Staunen vergaß ich meine Scham. Ich hatte viele Dinge über das Autonome Zentrum gehört und folglich damit gerechnet, hier auf Ungewöhnliches zu treffen. Was sich vor meinen Augen abspielte, überstieg meine Vorstellungskraft jedoch um ein Vielfaches. Plötzlich riss mich ein weiterer Schwall von Vorwürfen aus meinen Überlegungen: »Sind das etwa MARKENKLAMOTTEN????«, schrie mich ein blasser Junge mit feuerrotem Haar an. Er sah ein wenig aus wie das Sams und ich meinte sogar, einen Taucheranzug unter seiner schweren schwarzen Lederjacke zu erkennen. Ich ahnte, dass mir – würde ich noch länger hierbleiben – Böses drohen würde, also entschied ich mich, vorerst den geordneten Rückzug anzutreten. »Entschuldigung, ich hab mich wohl in der Tür geirrt«, brachte ich leise hervor und hastete, so schnell ich konnte, über die endlos lange Treppe wieder an die frische Luft.

Ich pflege die Ablehnung meiner Person, die ich nie in meinem Leben erfahren habe, schnell in Sympathie zu verwandeln. So führte auch mein erstes erstaunliches Aufeinandertreffen mit der Antifa dazu, dass ich unverzüglich die Vorbereitungen meines nächsten Anbiederungsversuches startete. Ich kaufte mir also einige unbedruckte Kapuzenpullover der Marke Fruit Of The Loom, schwarze Samba-Turnschuhe, ein kleines Arsenal an frei verkäuflichen Selbstverteidigungswaffen, das ich neben einem bekannten Leatherman-Multi-Tool an einem Utility-Gürtel befestigte, sodass ich in meiner Erscheinung von einem Rolltreppen-Mechaniker kaum mehr zu unterscheiden war, einen

Schlüsselbund, den ich mit einem Karabinerhaken befestigt oberhalb der rechten Gesäßtasche meiner neu erworbenen Karottenjeans-Hose von Levi's klimpern ließ, eine Funktionsjacke und modische Accessoires der Marke North Face und den Jutebeutel einer musikalisch wenig begabten Crustpunk-Band, deren Logo-Typografie aussah wie ein unästhetischer Brennholzhaufen. Meine Beobachtung, dass alle Plenumsmitglieder im Besitz von Jutebeuteln waren, sollte mir in meiner späteren Karriere als kommerziell erfolgreicher Popmusiker sowie Produzent und Verkäufer entsprechender Merchandise-Artikel noch einen Haufen Kohle einbringen.

Außerdem brachte ich mir das Anfertigen selbst gedrehter Zigaretten bei, denn ich hatte bemerkt, dass ausnahmslos alle Anwesenden des Plenums begeisterte Drehtabakraucher waren und den Stuhlkreis im kleinen Bunkerraum durch ihr anhaltendes Gequalme in eine filmreife Nebelwolke gehüllt hatten. Ich plante gar nicht, die Zigaretten selbst zu rauchen, doch würde das durchgängige Drehen zumindest den Eindruck erwecken, dass ich – ähnlich wie Simone de Beauvoir, Hannah Arendt, Che Guevara und andere linke Ikonen – meine Gesundheit vernachlässigte, ohne dafür teure Zigaretten der US-amerikanischen Marken Marlboro oder Lucky Strike zu verwenden.

Von meiner Nachbarin Frau Emmentaler, einer Freundin meiner Mutter, lieh ich mir Dumbo, einen ausgesprochen dummen Labrador, den ich schon in jungen Jahren gern Gassi geführt hatte. Ich glaube, die alte Dame war etwas irritiert über mein wiedergewonnenes Interesse an ihrem Haustier, stellte aber keinerlei skeptische Fragen, da sie ihren Hund hasste und daher möglichst wenig Zeit in dessen Betreuung investieren wollte.

Wieder am Autonomen Zentrum angelangt nestelte ich nervös an den Trägern des Jutebeutels, die sich beim Laufen mit Dumbos Leine verknotet hatten. Hunde, das müsst ihr wissen, sind nicht nur weniger intelligent als ihr Ruf, sondern auch ausgesprochen opportunistische Wesen, die ihren Besitzern das Gefühl von Zuneigung vorgaukeln, solange es ihnen nützt. Die Natur hat sie dazu programmiert, ausschließlich ihren eigenen Vorteil anzustreben, im Menschen sehen sie keinen Eigenwert, er ist für sie nur Mittel zum Zweck. Der Zweck, das ist beim Hund immer die Selbsterhaltung, also Fressen und Sicherheit vor den Gewalten der unwirtlichen Natur und anderen Feinden. Ein Hund wird euch niemals helfen, ohne dafür eine Gegenleistung zu erwarten, die mindestens genauso wertvoll ist wie das, was er für euch tut. Und das ist auch gut so, denn es liegt in seiner Natur und wir müssen den treuesten Freund des Menschen so akzeptieren, wie er ist, schließlich können wir ihn nicht ändern, genauso wenig wie er uns ändern kann.

Dumbo war, wie schon gesagt, ein ausgesprochen blöder Hund, den bereits die einfachsten Dinge überforderten. Er hechelte wie ein Idiot und blickte unablässig zu mir nach oben, wohl, weil er meinte, dass ich ihm Leckerlis oder irgendeine Form von Zuneigung zuteilwerden lassen würde. Um mich bei den Linken beliebt zu machen, hatte ich in einem Reformhaus der Vitalia-Kette eine Tüte veganer Hundekuchen erworben, die den Hund zur Vorführung kleiner Kunststücke motivieren sollte. Ich plante, die Antifa mit einer Hundeshow zu begeistern.

»*Alerta*«, rief ich gut gelaunt in die Runde, »das hier ist Dumbo, ein veganer Hund, aber nicht meiner, denn er gehört mir nicht, wir leben nur zusammen.« Anerkennendes Geraune. »Ich bin Panik Panzer und würde gerne bei euch mitmachen.« Der Junge mit den feuerroten Haaren, den ich noch von meinem letzten Anquatschversuch kannte, führte mich in einen Hinterraum der Bunkeranlage und bat mich, dort zu warten, bis das Plenum über mein

Aufnahmegesuch abgestimmt hatte. Die Luftschutztür des Hinterraums verbarrikadierte das Sams von außen mit einem schweren Stahlriegel. Quälende Stunden vergingen, bis ich mit Sicherheit sagen konnte, dass man mich vergessen hatte.

Die folgende Woche im AZ-Knast verbrachte ich damit, Kippen zu drehen, die ich nicht rauchte, und Dumbo nach den Methoden Martin Rütters den Grundgehorsam beizubringen und seine Leinenführigkeit zu verbessern. Ich portionierte die veganen Leckerlis in kleinen Rationen, die ich mir mit dem Hund teilte, und noch bevor ich gedanklich in den moralischen Konflikt kam, über Dumbos Leben entscheiden zu müssen, um das meinige zu sichern, öffnete sich die Tür meiner Zelle und das Sams tat, als sei nie etwas geschehen. »Komm mit«, befahl mein Genosse schroff, »wir haben über dich entschieden.«

»Wenn wir den Begriff Antiimperialismus gebrauchen, heißt das nicht, dass wir eine Organisation leninistischer Prägung anstreben«, sagte ein vollbärtiger Mann in einem grobmaschigen Kartoffelsack. Er roch etwas unangenehm und auch seine fettigen Haare vermittelten den Eindruck, er habe seit einer Weile nicht geduscht. Froh, endlich aus dem Raum herausgelassen worden zu sein, konnte ich jedoch leicht darüber hinwegsehen. »Ah, da ist ja der Genosse. Wo warst du denn die ganze Zeit? Na ja, ist ja auch egal. Kannst du am Freitag Thekendienst machen? Da ist eine große Soli-Party für die kommunistischen Milchbäuerinnen und Milchbauern in Nicaragua. Die stehen da massiv unter Druck und brauchen unbedingt unsere Hilfe.« – »Solidarität ist nämlich eine Waffe, kapiert?« ergänzte schroff die untersetzte Frau mit dem Nasenring, deren Ratte wohl die Leckerlis gerochen hatte, die noch in meinem Jutebeutel steckten.

»Gerne komme ich am Freitag, um euch und den Milchbauern zu helfen. Aber eine Frage hätte ich noch«, setzte ich zu meiner opportunistischen Glanzleistung an, »verstehe ich es richtig, dass die Produktivkräfte in den Peripherieländern Lateinamerikas noch nicht weit genug fortgeschritten sind, damit das nicaraguanische Proletariat auf den Konsum von Milch verzichten kann?« – »Ganz richtig, Panik Panzer«, gratulierte mir die Rattenfrau, deren Stimme und Miene sich mit einem Schlag erhellt hatten, »und deshalb gilt unsere Solidarität auch den Milchkühen.«

Die Kreuzung, an der das AZ lag, bebte von den tiefen Bässen, die einige Meter unter dem Asphalt aus den Subwoofern dröhnten, denn die Soli-Party war bereits in vollem Gange, als ich am Freitag darauf zu meiner ersten Thekenschicht antrat. »Da bist du ja«, strahlte mich Gustav an. Mein neuer Genosse Gustav, ein sportlicher Schlägertyp, dem die Praxis immer leichter von der Hand ging als die Theorie, war mir von Anfang an sympathisch. Von Nazis gefürchtet klatschte der Brutalo alles aus den Air Max und Springerstiefeln, was sich nicht bei drei als Linker zu erkennen gab. Ein Pfundskerl! »Mate und Limonade eins fuffzig, Bier zwei fuffzig, Wasser kauft hier eh keiner, Molly und Amphe nur auf dem Klo, die Alten mögen das nicht so gerne«, führte er mich schnell in das Regelwerk der Theke ein.

Einem Roboter gleich öffnete ich Flasche auf Flasche und überreichte die halben Liter im Austausch gegen Bargeld an die vielen übermäßig herzlichen Party-People, die mit ihren tellergroßen Pupillen sogleich zurück in das glückselige Getümmel der Tanzfläche schwebten. Der Konsum von Ecstacy und MDMA war für die Aachener Linksradikalen zu einem essentiellen Bestandteil ihrer politischen Arbeit geworden. Das lag daran, dass ihre Gesellschaftskritik so radikal war, dass sie aneinander nur noch die Zurichtungen und Ausprägungen der von ihnen kritisierten Weltordnung erkannten. Das störte die Aachener Linken, und um sich gegenseitig ertragen zu können, griffen sie zu den chemischen

Stimmungsaufhellern, die ihnen halfen, über die kritikwürdigen Eigenschaften ihres Gegenübers hinwegzusehen.

Ich war so in meine politische Arbeit an der Theke vertieft, dass ich beinahe die frohe Botschaft überhört hätte, die mir nach bestandener Feuerprobe zu übermitteln Gustav beauftragt worden war: »Glückwunsch, Panik Panzer, nun bist du einer von uns.« Wir machten den Männer-Check, er steckte mir unauffällig einige Tabletten mit Reliefprägungen verschiedener Markenlogos internationaler Ausbeuterkonzerne zu und so begann die längste Nacht, die ich je erlebt hatte.

Die nun folgenden Wochen und Monate zähle ich im Rückblick zu den glücklichsten meines Lebens. Wir boykottierten imperialistische Staaten und Konzerne, begingen Brandanschläge auf Luxuslimousinen, kochten veganes Essen für Wohnungslose, sangen Arbeiterlieder und setzten uns in Lese- und Diskussionskreisen mit herrschafts- und kapitalismuskritischen Theorien auseinander, um diese in Selbsterfahrungsgruppen auf unsere eigenen Biografien anzuwenden. Einfach klasse! Mitunter ging es hart auf hart, gegen die Bullen, gegen den Staat und andere Herrschaftsinstrumente. Das war nicht immer einfach, doch zum Jammern blieb keine Zeit, denn es musste gehandelt werden. Und mal ehrlich, hatte ich das nicht vorher gewusst? Man bestellt ja schließlich auch keine Fanta und wundert sich dann darüber, dass sie nach Orange schmeckt. Außer es ist Fanta Zitrone, Fanta Mandarine oder die pinke Fanta. Fanta Watermelon, Fanta Peach und Fanta Pineapple schmecken ebenfalls nicht nach Orange.

Einmal musste ich sogar in den Untergrund gehen. Man nannte mir die Adresse einer konspirativen Wohnung, in der ich mich einzufinden hatte. Der Verlauf der nächsten Wochen ist mir lediglich in vager Erinnerung geblieben. In der Wohnung schlief ich auf einer Matratze und ernährte mich vorwiegend von Cornflakes und Fenchelsalami, die ich bei einem nahe gelegenen Feinkostladen kaufte. Leider war sie sehr teuer, sodass ich die meiste Zeit über nichts zu essen hatte. Was noch in dieser Zeit passierte, kann ich leider nicht verraten, ohne dabei andere Genossinnen und Genossen – ich lasse das Geschlecht bewusst offen, um die Anonymität zu wahren – in Gefahr zu bringen. Außerdem hat bestimmt ein nicht unerheblicher Teil meiner Leser vergessen, das Handy auszuschalten.

Eines Tages klopfte es an die Tür, das vereinbarte Zeichen – dreimal kurz, dreimal lang. Ich tat wie mir geheißen, wartete elf Minuten, bis ich davon ausgehen konnte, dass der Kurier seine Botschaft hinterlassen hatte, und öffnete die Tür. Vor mir auf dem Boden lag ein Päckchen mit einer Glückwunschkarte, das ich schnell aufhob und mit mir in die Wohnung nahm. Was sich darin wohl befinden würde? Aufgeregt hantierte ich mit einem Brieföffner und stach mir dabei versehentlich in den Unterarm. »Scheiße!«, schrie ich laut auf. Die Genossen hatten mir eingeschärft, auf keinen Fall irgendwelche Spuren zu hinterlassen. Das Blut, das nun aus einer offenen Stichwunde sprudelte, könnte in einem Ermittlungsverfahren als Indiz aufgenommen und schließlich vor Gericht als Beweismittel gegen mich verwendet werden. Doch das war jetzt egal. Es zählte nur, die Aktion durchzuziehen.

Worin genau diese bestand, kann ich euch leider nicht sagen, denn es ist geheim, und wenn ich es hier aufschreibe, könnte ich mich auch gleich bei der Polizei melden. Ich bin kein Idiot und werde mich hier sicher nicht selbst belasten. Sorry, aber das müsst ihr verstehen. Nur so viel vielleicht: Es ging um etwas wirklich Wichtiges, Kompliziertes und Gefährliches. Leider kann ich echt nicht verraten, was es war.

LICHT AN IM CLUB

Wie ein Türsteher mir mal das Leben rettete

Jeder Mensch hat eine Geschichte. Leben, das heißt immer auch leben in Erinnerungen. Denn nur wer weiß, wo er herkommt, weiß, wohin er geht. Wie an jedem Dienstagnachmittag erfüllte mich auch an diesem Tag im April des Jahres 2008 eine unbändige Vorfreude auf das, was mich an diesem Abend erwarten würde: der Alternative Monday im »Club Apollo« in der Pontstraße. Das »Apollo« ist ein ehemaliges Kino und bietet ein exklusives Club-Erlebnis der Superlative. In diesem Szeneladen haben alle bereits gefeiert – von A wie ACDC bis Z wie ZZ-Top. Alle wollten sie mit eigenen Augen sehen, welches Spektakel sich in dieser doch so unscheinbaren deutschen Kleinstadt allwöchentlich ereignete.

Schon die Tür des Ladens gilt bis heute als eine der härtesten Europas, deren strenge Auflagen nur von einigen hippen Techno-Schuppen in Detroit übertroffen werden. Der Betreiber hatte die größten und stärksten Hünen der Euregio verpflichtet, genauestens zu kontrollieren, wem Einlass zu gewähren sei. Studenten der Sozialen Arbeit, Penner, Junkies, Obdachlose, streunende Hunde und Katzen waren dort nicht gern gesehen, denn die Getränke waren sehr teuer und die übrigen Gäste legten Wert auf ein gediegenes Ambiente und sollten auf ihre Kosten kommen. Die lederbejackten Kolosse an der Pforte zum Paradies des Aachener Nachtlebens waren dafür berüchtigt, allabendlich den ein oder anderen Studenten grundlos aus den Birkenstocks zu klatschen. Zitternd und ehrfürchtig stand das aufgebrezelte Publikum Stunden in der Einlassschlange, nie wissend, ob es an deren Ende die Passage in den Partyspaß oder eine gewaltige Abreibung erwarten würde.

»Du ja, du nicht, du nicht, du nicht, du auch nicht, du schon mal gar nicht«, hörte ich die Türsteher von Weitem bellen und sah einen untersetzten Glatzkopf im roten Trainingsanzug enttäuscht von dannen ziehen. Mit Mühe verkniff sich der deutlich über Vierzigjähre, der sich vergeblich Mühe gegeben hatte, ein juveniles Auftreten an den Tag zu legen, die Tränen, schlich gebückt an mir vorbei und trollte sich in die kleinen, verwinkelten Seitenstraßen des Aachener Pontviertels. Ich zwinkerte ihm aufmunternd zu. »Nicht verzagen, nächstes Mal klappt's bestimmt«, tröstete ich das traurige Mondgesicht und stolzierte an der wartenden Schlange vorbei, denn ich hatte wenig Zeit und für mich galt »*You can find me in the club*«. Drinnen war die perverse Party in vollem Gange.

Der Sicherheitschef hieß Birne, ich begrüßte ihn mit dem männlichsten Handschlag. Unsere Armbeugen markierten zwei perfekte 90-Grad-Winkel, als unsere leicht gekrümmten Handflächen so stark aufeinanderklatschten, dass ein Vakuum entstand, welches sodann mit einem knallenden Laut durch neue Luft gefüllt werden sollte. Wir fixierten uns selbstsicher mit den Augen, Mundwinkel leicht angespannt, Stirn kurz vor dem Runzeln. Unsere Handflächen verkeilten sich ineinander und schüttelten mit höchster Kraft noch einige Sekunden, um unserem gegenseitigen Respekt und unserer Wertschätzung einen angemessenen Ausdruck zu verleihen.

Ich gebe euch jetzt einen guten Rat. Der Rat, den ich euch nun geben werde, ist wirklich ein sehr guter Rat. Ich sage es mal so: Einen ersten Eindruck macht man nur einmal. Das gilt beim

Bewerbungsgespräch genauso wie beim Online-Dating oder einer zufälligen Bekanntschaft im Fußballstadion, bei McDonald's oder dem Gebrauchtwagenhändler. Der Rat gilt genauso auf Kreuzfahrtschiffen, beim Militär, im Zirkus oder auf dem Friedhof. Sogar in der Tierwelt kann der erste Eindruck über Leben und Tod entscheiden. Im Nachtleben heißt es ebenfalls: fressen oder gefressen werden. Wer die perfekte Begrüßung nicht beherrscht, macht sich angreifbar, wird als leichte Beute ausgemacht und mit hoher Wahrscheinlichkeit angegriffen.

Die beste aller Begrüßungen ist der Männer-Check. Der Männer-Check kann von Männern, Frauen und Non-Binären praktiziert werden, alles, was es braucht, sind zwei kräftige Arme. Ich selbst beherrsche den Männer-Check natürlich sehr gut und habe im vorletzten Absatz bereits ausführlich beschrieben, wie man ihn ordentlich durchführt. Seid an dieser Stelle einmal ehrlich zu euch selbst. Wie gut beherrscht ihr die ordentliche Begrüßung? Es gibt vier Antwortmöglichkeiten: sehr gut, gut, ordentlich, mangelhaft oder überhaupt nicht. Sollte eure Antwort nicht »sehr gut« sein, müsst ihr täglich üben. Sucht euch am besten einen Partner oder macht es allein, das ist egal. Denn auch beim Männer-Check gilt: Übung macht den Meister.

»Birne, lang nicht mehr gesehen«, flunkerte ich vergnügt. »Und doch wiedererkannt, mein Lieber«, entgegnete Birne. So begrüßten wir uns immer, und dieses Ritual muss auf die ringsum Wartenden mächtig Eindruck gemacht haben, denn ein anerkennendes Raunen umgab uns prompt. Ich steckte jedem Mitglied der Rockerbande um Birne einen 5-Mark-Schein in die lederne Kutte. »Hier, steck das ein und kauf dir was Schönes«, flüsterte ich einem der bärtigen Muskelpakete liebevoll ins Ohr, der mir die Großzügigkeit mit einem freundlichen Lächeln dankte. Ich exte den Rest meiner Korn-Cola-light-Mischung und stürzte mich ins Getümmel.

Auf nicht nur einem, sondern gleich zwei Dancefloors heizten die angesagtesten DJs der Stadt der Menge ordentlich ein. Hier wurde an den Turntables noch echte Handarbeit geleistet, die Aachener Clubkultur und das »Apollo« als ihr Leuchtturm waren und sind bis heute über alle Berge hinweg berüchtigt. Spotlight an, *all eyes on me*, ich schwebte wie ein Engel durch die Menge. Küsschen hier, Männer-Check da, die Klänge der brachialen Gitarrenriffs brachten die Bude zum Bouncen. Der Alternative Monday stand für stählerne Härte wie kein anderer Abend der Woche. *If I go crazy then you would still call me superman?* Hier wurde wirklich das angesagteste Zeug gespielt, das die Welt der Rockmusik zu bieten hatte, und es brachte die Leute in Ekstase. Supermann, das war ich, und crazy war der Abend allemal.

Es müssen schon ein paar Stunden vergangen gewesen sein, als ich mit einem halb vollen Longdrinkglas in der Hand in Richtung Toilette schlawinerte. Ich muss dazu sagen, dass es immer wirklich schwer war, sich einen Weg durch die geifernde Masse zu bahnen, denn alle wollten mit mir gesehen werden. So ein Abend ist gleichzeitig ein Schaulaufen. Wer seinen Fuß auf den roten Teppich setzen und wer wessen Nähe genießen darf, bestimmt die natürliche Hackordnung. Es gibt Alpha-Hühner und es gibt Omega-Hühner. Es gibt aber auch Delta- und Gamma-Hühner. Welche Hühner ihr seid, entscheidet am Ende ihr selbst.

Links von mir wildes Geschmatze und Gestöhne, rechts von mir plusterte irgendjemand die Nüstern auf und sog mit einem lauten Schniefgeräusch eine gehörige Portion Ecstasy in seine Nase. Dazwischen saß ich auf der Toilette und verrichtete mein kleines Geschäft. Ich finde es wichtig, dass sich auch Männer beim Verrichten des kleinen Geschäftes hinsetzen. Einmal sah ich auf *taff*, einem bekannten Fernsehformat des Privatsenders Pro7, einen Beitrag, in dem eine Klobrille mit einer aufschlussreichen Chemikalie besprüht wurde, nachdem ein Mann sein kleines Geschäft dort im Stehen verrichtet hatte. Von der Chemikalie blau gefärbt offenbarte sich in den flüssigen Tropfen auf dem Plastik die Arglist des Pinklers, der seinen Nachfolger in eine Urinfalle hatte locken wollen.

Plötzlich lautes Gepolter über mir. »Komm, schieb mich rein.« Zuerst sah ich nur die speckige Glatze eines Mannes, kurz darauf zwängte sich die zugehörige rote Trainingsjacke durch das kleine Fenster zum Innenhof und wild strampelnd versuchte der Kretin, der zuvor an der Tür abgeblitzt war, sich auf irreguläre Weise Zugang zum Etablissement zu verschaffen. »*Ey hombre, que tal*? Ich hab dem Getränkelieferanten *mucho dinero* gegeben, damit er mich hier hinten reinschmuggelt«, triumphierte er, »*Comprende*?«

Ich hatte schon immer ein Herz für Verlierer und Außenseiter, und dieser Mann hatte gezeigt, dass es ihm mit dem Discobesuch wirklich ernst war. Wie konnte ich, der junge Panik Panzer, ihm diesen Wunsch abschlagen, wo er doch sein ganzes Leben davon geträumt hatte, nur einmal dem Alternative Monday beizuwohnen? »Ich dachte, der Weihnachtsmann kommt im Dezember, aber wir haben doch schon April«, scherzte der Drogenabhängige aus der Kabine rechts von mir. Mit vereinten Kräften hievten wir unser Weihnachtswunder in die Toilettenkabine und begrüßten den blinden Passagier mit einem Gläschen Crémant. Das fette Schwein lehnte dankend ab. »Ich bin im Ferrari da.«

Feixend verließen wir den Abort. »Wie heißt du eigentlich, *muchacho*?« Ich machte es, wie ich es bei neuen Bekanntschaften immer mache, und imitierte den Sprachduktus des Sonderlings. Diese tief in mir verankerte Kommunikationsstrategie, die ich automatisiert und ohne groß drüber nachzudenken anwende, war Zeit meines Lebens Grund für die anhaltende Sympathie und Wärme, die Menschen mir entgegenbrachten. »*Hombre*, nenn mich einfach Don«, bot der Typ großspurig an, »mein echter Name tut hier nichts zur Sache.« Da ich hoffte, dass der Trottel mir noch nützlich sein konnte, willigte ich in seinen überheblichen Vorschlag ein. »Okay Don, ich bin der Junge Panik Panzer und ich möchte dir ein paar Leute vorstellen.« Der rote Blitz und ich betraten den VIP-Bereich und ich stellte ihm ein paar Leute vor.

Wisst ihr, man kann auf genau zwei Arten durch das Leben schreiten: ignorant oder offenherzig. Beide Varianten sind legitim und bringen Vor- und Nachteile mit sich, die hier auszuführen zu viel Zeit in Anspruch nehmen würde. Und Zeit ist bekanntlich kostbar. Auf welcher Seite stehen Sie?

Ich habe mich schon früh im Leben für die Offenherzigkeit entschieden und so eröffnete sich in dieser legendären Dienstagnacht im Aachener Pontviertel dem unverhofften neuen Freund bereits wenige Minuten nach unserem Kennenlernen ein großes Sortiment an Privilegien, die er allein durch die Tatsache, dass er mich an seiner Seite hatte, die ganze Nacht sollte genießen können. Aufwendig dekorierte Silbertablette voller Köstlichkeiten wurden gereicht, Funken sprühten in Zeitlupe, Liedwünsche wurden erfüllt, bevor wir den Wunsch überhaupt über unsere Lippen gebracht hatten. Die interessantesten und schillerndsten Figuren des Aachener Nachtlebens gesellten sich zu uns, wir fanden uns schnell in den tiefsinnigsten philosophischen Gesprächen wieder und – was soll ich sagen … Wir feierten wirklich eine tolle Fete, die Nacht gehörte uns. Wir waren jung, wir waren frei, wir waren angesagt, das Motto war Sex, Drugs and Rock 'n' Roll. Wenn du an diesem Abend die Partycrew gesucht hättest, ihr Hauptquartier wäre hier gewesen. Ich schaute zufrieden zu Don, er hatte die beste Zeit seines Lebens.

»*Yo muchacho*, die *mamacita* da drüben shaket ihren heißen Booty zum Beat und macht alle *gringos* im Club *loco.*«. Er zeigte auf meine Mutter, die gerade erst zu unserer Gruppe gestoßen war, und ich brachte den Nichtsnutz mit einer saftigen Ordnungsschelle zum Schweigen. Bei Müttern hört der Spaß einfach auf. Der tumbe Brocken kippte direkt um, riss einen der anderen Gäste mit sich auf den Boden und ein Dominoeffekt war die Folge, der den Club in helle Aufruhr versetzte. Eine Massenschlägerei drohte.

Von allen Seiten näherten sich Feinde, die ich mit harten Schlägen abwehrte. Der Glatzkopf mit der roten Jacke hatte sich aus einem Abstellraum in der Nähe der Clubtoilette einen Besenstiel zu Hilfe genommen, mit dem er nun auf die Köpfe der Türsteher eindrosch. Derweil hielten ein paar seiner Unterstützer Birne in Schach, indem sie Plastikhüllen verschiedener Compilations der Reihen »Bravo Hits«, »Just the Best« und »Kuschelrock« auf seinen Kopf warfen. Ein kleines Handgemenge war in Sekundenschnelle zu einer zünftigen Schlägerei herangewachsen und es konnte nicht mehr lang dauern, bis die Martinshörner das Anrücken der Aachener Bereitschaftspolizei ankündigen würden.

»Birne, pass auf«, rief ich über den Lärm des aus den Boxen dröhnenden Boysetsfire-Songs. Aber es war zu spät. Der haarlose Besenstielkämpfer hatte durch das Antäuschen eines wilden Karatesprungs eine Schneise in die Menge geschlagen und den Sicherheitschef mit einem gezielten Wurf seines Besens niedergestreckt. Es half nichts, ich musste den Halodri, der offenbar einen über den Durst getrunken hatte, außer Gefecht setzen und griff in meine Tasche.

»Killing in the name of«, der offizielle Höhepunkt jedes Alternative Mondays, wurde mit der energischen Stimme Zack de la Rochas eingeläutet. Die wilde Mischung aus Studentenpogo und Massenschlägerei verband sich zu einem ekstatischen Knäuel. Ich entlud die Knarre der Marke Walter und zielte auf den selbsternannten Don. »Noch einen Schritt weiter und für dich ist hier *finito*. Ich mach keinen Spaß, ich puste dich weg!« Das Arschloch war entschlossener, als ich dachte: »Nur zu, ich habe keine Angst vor dem Tod, denn ich habe alles in meinem Leben erreicht.« »Mach jetzt keine Faxen, wir können das doch friedlich klären«, sagte ich mit der Pistole direkt auf sein Mondgesicht zielend und gab drei schnelle Warnschüsse ab, die die holzvertäfelte Decke der Schankstube zum Splittern brachten. »Jetzt hast du nur noch drei Schüsse«, rechnete er ganz richtig. Verdammte Scheiße! Der Penner hatte die Kugeln gezählt. »Halt dein dummes Maul«, kreischte ich bemüht, nicht hysterisch zu wirken, und gab zwei weitere Warnschüsse ab. Versehentlich traf ich dabei einen der Besucher in der Magengegend, doch glücklicherweise überlebte er, wie ich später erfahren habe. »Sorry Bro!«, rief ich dem Zusammengesunkenen noch zu. Der zweite Schuss traf eine Flasche Apfelkorn, die in tausend Scherben zerplatzte und ihren klebrigen Inhalt auf das völlig verdatterte Thekenpersonal verteilte.

»Licht an im Club«, keifte ich dem Videojockey zu und sofort war es taghell. Die Musik verstummte. »Jetzt pass mal auf, was denkst du eigentlich, wer du bist, hier auf meine Party zu kommen durch ein Klofenster. Ist dir das nicht peinlich?« Der Glatzkopf errötete. Wir hätten Freunde werden können, ja waren es vielleicht sogar kurz gewesen, doch nun hatte die Geschichte eine unheilvolle Wendung genommen. Liebe und Hass liegen manchmal nah beieinander. Immer birgt der Frieden auch den Samen des Krieges in sich. Der Mensch ist weder böse noch gut. Meinen letzten Schuss feuerte ich direkt auf die Kanaille ab, ein betrunkener BWL-Student im Karohemd warf sich jedoch in die Flugbahn der Kugel, um diese mit seinem Körper abzufangen. Dieser Mann war ein Held. Aber ich hatte nun ein Problem, denn dem rot gekleideten Ferrarifahrer war natürlich nicht verborgen geblieben, dass ich über keinerlei Munition mehr verfügte.

Drohend hob er den Besenstiel vom Boden auf, zerbrach ihn über dem Knie und schuf sich so eine spitze Stichwaffe, die auch zur Abwehr von Vampiren geeignet gewesen wäre. Das Arschloch wollte mich aufpflocken! Da hatte er allerdings die Rechnung ohne den Wirt gemacht. Denn hinter mir versammelten sich nun die Türsteher, angeführt von Birne, der mit einer gespannten Armbrust auf den Glatzkopf zielte. »So wendet sich also das Blatt!«, triumphierte ich. »Ich bin nicht irgendein dahergelaufener Otto, ich bin der Junge Panik Panzer. Wer sich mit mir anlegt, muss auch die Konsequenzen tragen.« Ängstlich ließ der Missetäter den halbierten Besenstiel auf den Boden fallen. »Ich ergebe mich!«, rief er laut. Doch es war zu spät und Birne streckte ihn nieder. Später fand ich heraus, dass es sich bei ihm um einen bekannten deutschen Popmusiker gehandelt hat.

Birne schaute zu mir rüber, ich nickte ihm anerkennend zu und bedankte mich mit einem Männer-Check. Es fällt mir bis heute schwer, mir einzugestehen, dass dieser Abend ohne seine Hilfe wohl nicht so glimpflich verlaufen wäre, denn als Selbstständiger bin ich es gewohnt, meine Angelegenheiten allein zu klären. Doch Birne wollte nicht mal ein Dankeschön von mir hören, dieser Mann war einer unter einer Million, ein absolut loyaler Prachtkerl. »Mann, jetzt habe ich aber echt Hunger. Komm, wir gehen lecker essen, ich lad dich ein.« Das ließ Birne sich nicht zweimal sagen und wir schlenderten die Öscher Amüsiermeile hinab, um uns einige Meter weiter eine große Auswahl an frittierten Köstlichkeiten und holländischen Saucen servieren zu lassen.

In Aachen war zu dieser Zeit der Tod zu Haus, Geschehnisse dieser Art waren keine Seltenheit und selbst die lokale Presse widmete dem, was an diesem Abend geschehen war, nicht eine Zeile in den *Aachener Nachrichten*. Die Polizei rückte erst Stunden später an, hörte sich mit deutlich zur Schau gestelltem Desinteresse einige Zeugenaussagen an und zog schnell wieder ab, nachdem Birne und sein Team den Wachtmeistern versichert hatten, dass sie im Club alles im Griff hatten. Es war eine Nacht wie jede andere in der Straße, die niemals schläft.

Ihnen, liebe Leserinnen und Leser, möchte ich für Ihren weiteren Lebensweg etwas mitgeben, weil ich glaube, dass Sie vieles noch nicht verstanden haben. Gewalt ist furchtbar. Für alle Beteiligten. Wenn ich Geschichten von Gewalt erzähle, dann erzähle ich sie mit Demut, denn jede geohrfeigte Wange ist eine geohrfeigte Wange zu viel. Jedes getretene Knie ist ein getretenes Knie zu viel und jede aufgepflockte Brust ist durch nichts zu rechtfertigen, wenn der Konflikt auch verbal zu klären gewesen wäre.

Hip-Hop ist mehr als Musik, Hip-Hop ist eine Friedenskultur und für mich immer das erste Mittel der Wahl, wenn zwei Parteien sich uneins gegenüberstehen. Warum ein Messer einsetzen, wenn man eine Meinungsverschiedenheit im Rap-Battle klären könnte? Warum einen Schädel eintreten, wenn man die Lösung durch Kräftemessen beim Breakdance herbeiführen kann? Die geballte Faust sollte in allererster Linie dem Revolutionär gehören und nicht dem Hooligan. Ich möchte Mahatma Gandhi zitieren: »Was man mit Gewalt gewinnt, kann man nur mit Gewalt behalten.« Bitte denken Sie darüber nach, bevor Sie das nächste Mal Ihre Pistole auf einen Menschen richten.

I BELIEVE

Wie ich einmal von Außerirdischen entführt wurde

Manche Geschichten klingen so unwahrscheinlich, dass niemand sie glaubt. Wenn ich euch etwa erzählen würde, wie ich einmal die Fußballweltmeisterschaft im Alleingang gewonnen oder nur auf Inlineskates den Globus umrundet habe, dann würde sich das nicht sehr realistisch anhören. Und deswegen versuche ich es auch gar nicht erst – unabhängig davon, dass beide Geschichten zumindest einen wahren Kern enthalten. Realistischer hingegen erscheint es, wenn ich euch davon berichte, wie ich einmal von Außerirdischen entführt wurde und dabei Trap erfand. Wer mir nicht glaubt, der soll das Buch jetzt bitte zur Seite legen, denn er hat meine Aufmerksamkeit nicht länger verdient. Ich muss mich hier nicht als Lügner darstellen lassen, klar? Was fällt euch überhaupt ein? Was glaubt ihr, wer ihr seid? Ich bin kein Lügner und sage immer die Wahrheit!

Wer einmal lügt, dem glaubt man nicht, und wenn er auch die Wahrheit spricht. Dies hatte ich bereits in Bickenbach gelernt. Dort hatte ein lokaler Scherzkeks mehrfach die freiwillige Feuerwehr, der ich nach dem Erhalt der Leistungsspange angehören sollte, mit dem Hinweis alarmiert, sein Haus stehe in Flammen. Nachdem wir 20- oder 30-mal ausgerückt waren, nur um den Hampelmann schadenfroh lachend auf seinem Balkon vorzufinden, verbrannte der arme Teufel eines Tages in einem flammenden Inferno. Böse Zungen behaupteten im Nachgang, der Brand sei durch eine Person aus dem Umfeld der Freiwilligen Feuerwehr Bickenbach gelegt worden. Entsprechende Verdachtsmomente ließen sich jedoch nicht bestätigen und können daher von mir zweifelsfrei zurückgewiesen werden. Pyromanie und die Zugehörigkeit zu einer Freiwilligen Feuerwehr dürfen auf keinen Fall irgendwie miteinander in Verbindung gebracht werden. Jeder, der das nicht glaubt, lege dieses Buch bitte ebenfalls zur Seite oder wende sich vertrauensvoll an den riva Verlag, um von der Geld-zurück-Garantie Gebrauch zu machen.

Als kleiner Junge war ich einmal mit meiner Familie in einem Nahverkehrszug der Deutschen Bahn unterwegs. Der Stahlkoloss, ein sogenannter »Silberling«, wurde von einer roten Diesellokomotive polternd über die Gleise gezogen und unser Familienverbund hatte sich geschlossen im Raucherabteil eingefunden, dessen Wände von einer dicken gelben Nikotinschicht überlagert waren. Mein Vater, meine Mutter und auch meine vier Brüder rauchten förmlich um die Wette. Wie eine Gruppe trauriger Schornsteine saßen sie müde auf den abgewetzten bordeauxfarbenen Lederpolstern und ließen die Weinberge der hessischen Provinz an sich vorbeiziehen. Das Reisen mit der Bahn erfreute sich in dieser Zeit großer Beliebtheit und so war unser Abteil auch an diesem Tag voll besetzt. Mir gegenüber saß ein freundlicher Herr mit Schlapphut und sandfarbenem Trenchcoat, der, eine dampfende Pfeife im Mundwinkel hängend, die tagesaktuelle Ausgabe der *BILD*-Zeitung schmökerte und dabei immer wieder raunende Laute von sich gab. »Aha, mhm, soso«, murmelte die Gestalt, die ich seit einigen Stunden mit einer Mischung aus Freundschaft und Angriffslust inspizierte.

Schon im frühesten Kindergartenalter hatte ich mir das Lesen beigebracht. Die Kinderbücher, die man mir schmackhaft zu machen versucht hatte, waren schnell langweilig geworden und so hatte ich noch vor Eintritt in die Grundschule mit dem Studium thematisch breit gefächerter wissenschaftlicher Fachlektüre begonnen. So geschah es fast automatisch, dass ich im Wagon der Bahn anfing, die Zeitung meines Gegenübers lustlos mitzulesen, denn irgendwas musste ich ja tun und es schien mir noch nicht der richtige Zeitpunkt, um mit dem Rauchen anzufangen. Der Mann mit der *BILD* bemerkte den ungefragten Mitleser schnell und versuchte, meine Neugierde zu unterbinden, indem er die rückseitigen Papierbögen des Blattes um 180 Grad drehte. Dieser Kinderfeind hielt sich wohl für besonders clever, aber da hatte er die Rechnung nicht mit mir gemacht, denn das Lesen von auf den Kopf stehenden Texten stellte für mich keine Herausforderung dar, hatte ich mir diese Fähigkeit doch längst angeeignet.

Boris Becker, Claudia Schiffer, Michael Schumacher, Gewalt, Mord, Ausländer und nackte Frauen – diese Zeitung war von diesem Tag an mein absolutes Lieblingsblatt. Meine besondere Bewunderung löste ein Text aus, in dem berichtet wurde, wie ein Augsburger Landwirt seinen Nachbarn mit einem Rasenmäher überfahren hatte. Der arme Mann muss eines schrecklich schmerzhaften Todes gestorben sein. Er tat mir leid. Ein anderer Artikel handelte von giftigem Schwimmbadwasser, das mit Todesviren versetzt zu Mutationen von Schülern einer lokalen Grundschule geführt hatte. Auch diese jungen Menschen verdienten mein Mitgefühl. »Piercings, der neue Trend aus den USA« lautete eine Headline und warnte vor den schlimmen möglichen Folgeschäden des neumodischen Körperschmucks wie Krebs oder Parodontose. Meine größte Aufmerksamkeit aber erregte ein Artikel über eine Entführung durch Außerirdische. Ein Leser der Zeitung hatte berichtet, dass er sich eines Nachts aus dem Schlaf gerissen in einem gleißenden Licht wiedergefunden hatte und in einer sogartigen Schwerelosigkeit durch die Atmosphäre befördert in ein Raumschiff entführt worden war. An Bord hatte man den Mann fixiert, und mehrere Gestalten, die der Entführte als Wesen mit grau-bläulicher Haut, ähnlich der eines Delfins, und großen schwarzen Augen, ähnlich denen eines südostasiatischen Halbaffen, beschrieb, hatten den Körper des treuen *BILD*-Lesers gegen dessen Willen untersucht und mit skalpellähnlichen Instrumenten kleine Einschnitte an der Hautoberfläche vorgenommen. Als der Mann morgens in seinem Bett erwachte, glaubte er einen schlimmen Albtraum gehabt zu haben, bis er unter der Dusche im Genitalbereich die feinen Einschnitte entdeckte. Ich wusste sofort, dass ich in großer Gefahr war.

Es existieren viele Berichte über Entführungen durch Außerirdische. Nicht alle sind wahr, aber die Dunkelziffer nicht registrierter Entführungen ist hoch, denn die offiziellen Stellen registrieren entsprechende Vorfälle zumindest in Deutschland nicht. Laut einschlägigen Experten lässt sich – im Schnitt – mit etwa 10 bis 15 Entführungen pro Monat rechnen. Das heißt, dass ungefähr alle zwei bis drei Tage jemand entführt wird. Ein Hamburger Hip-Hop-Journalist – aus juristischen Gründen kann ich nicht sagen, welcher von den beiden – wurde sogar mehrfach von Außerirdischen entführt.

Meine eigene Entführungsgeschichte ist schnell erzählt. Es muss um das Jahr 2010 gewesen sein. Ich war 25 Jahre alt und in der Blüte meines Lebens. Zu dieser Zeit studierte ich European Studies in Maastricht – nicht das erste Studium, das ich absolvierte. Eine ehemalige Kommilitonin hatte mich eingeladen, auf eine Party zu kommen, die sie und ihre Studienkollegen im lokalen Studierendenwohnheim in Walheim ausrichteten, einem Aachener Vorort in der Nordeifel. Für das leibliche Wohl war großzügig gesorgt worden. In bunten Porzellanschüsselchen waren Rosinen und ein umfangreiches Nusssortiment arrangiert. Käsehäppchen gespießt auf Zahnstocher luden die Besucher zum Gaumenkitzel ein. Weiterhin gab es wohlschmeckende Schnecken und Froschschenkel, die ein französischer Austauschstudent aus seinem Heimatland mitgebracht hatte. Aus Kristallkaraffen schenkte die Gastgeberin großzügig Smirnoff Ice und andere süßliche Alkopos aus, die zwar wie Zucker schmeckten, aber wie eine Schnappsinfusion wirkten. Die Party war *off the hook*, wenn ihr versteht, was ich meine. Hier blieb heute Abend kein Auge und keine Kehle trocken. Wir lagen uns in den Armen und genossen unsere Jugend, als wären wir in einem Videoclip von Prinz Pi oder Roland Kaiser gelandet.

Doch in meinem Leben war es immer so gewesen: In den Stunden und Minuten größter Freude wusste ich auch, dass schlimme Ereignisse bereits ihre Schatten vorauswerfen. Die ganze Nacht über hatten uns immer wieder grelle Lichtblitze geblendet, die wie aus heiterem Himmel im Walheimer Wohngebiet herniedergingen. Ein Zischen und Brizzeln erfüllte die Luft. Die vorsichtig von einem angehenden Meteorologen geäußerte Vermutung, es handele sich hierbei um ein Sommergewitter, machte mich wütend. Versehentlich schlug ich ihn nieder.

Heute weiß ich natürlich, dass meine impulsive Reaktion auf seine harmlose Einschätzung der Sachlage nicht angemessen war, und ich möchte mich bei dem armen Kerl an dieser Stelle in aller Förmlichkeit entschuldigen. Gleichzeitig erwarte ich aber auch von ihm noch immer eine Entschuldigung, denn seine Reaktion auf meine eigentlich nicht weiter wichtige Gewalthandlung fiel mit unangemessener Härte aus. Und Fairness war mir schon immer ein Anliegen. Der Wetterfreak zog wutschnaubend durch das Walheimer Wohnheim und stellte eine kleine Söldnertruppe zusammen, die meisten unter ihnen ebenfalls der Wetterkunde zugewandt. Der Reinhold-Messner-Look schien in diesen Kreisen schwer in Mode zu sein, denn ausnahmslose alle Mitglieder der frisch gegründeten Meteorologen-Armee trugen Funktionsjacken der Marke Jack Wolfskin zu ihren struppigen Vollbärten und schwere Wanderschuhe. Hier braute sich was zusammen, die Sonne verfinsterte sich, ein Sturm zog auf, ein Orkan, ein Tornado, Wettertief Ulrike war im Anmarsch, gleich würde es ein Donnerwetter geben und Schläge auf mich herabregnen, ja hageln sogar und dabei hatte ich eigentlich nur gehofft, es an diesem Abend noch schneien lassen zu können, wenn ihr versteht, wie ich meine.

Ein kleiner Freestyler, der mir stets an den Lippen hing und mich als Rapper schon vergötterte, bevor ich mit dem Rappen überhaupt angefangen hatte, kam im aufgeregten Galopp auf mich zu. Er war wie immer auf Speed und ich fürchtete, dass er mir nun wieder ein paar seiner schwer aushaltbaren Freestyle-Rhymes um die Ohren hauen würde. Es war immer das gleiche Spektakel mit ihm, aber irgendwie hatte ich für den Versager was übrig, sodass ich es nie schaffte, der Nervensäge mit der angemessenen Härte das Maul zu verbieten. Doch diesmal sollte der notorische Zwerg, übrigens ein ausgezeichneter Schachspieler – immerhin eine Fähigkeit beherrschte er – meine Rettung sein.

»Sie kommen!«, schrie er mit hoher Stimme. Er war mit seinen Anfang zwanzig bereits seit sieben Jahren im Stimmbruch, sodass seine Laute stets zwischen der ulkigen Tonlage einer Comic-Figur und einem sonderbaren Krächzen oszillierten. Ein Faktor, der seine stundenlangen Freestyle-Tiraden noch unerträglicher machte. Bis heute weiß ich nicht, ob er mit seiner Warnung an mich die Bande der Wetterfrösche meinte, die mit Barometern bewaffnet gerade Zimmer für Zimmer nach mir durchsuchten, um mich zu Klump zu schlagen, oder ob der Freestyler die Ankunft der unbekannten Spezies bemerkt hatte, die draußen in einem Kornfeld der Voreifel gerade aus der Luke einer Flugscheibe schaute und ihren Ankunftsort inspizierte.

Ich bin niemand, der oft Angst empfindet. Dabei halte ich das Angsthaben nicht für einen Makel und würde die Angst anderer, insbesondere die Angst meiner lieben Leserinnen und Leser, nie und nimmer verurteilen. Angst ist keine Schwäche, Angst ist eine Tugend, ein begründetes Warnsystem unseres Körpers und eine überlebenswichtige Strategie des menschlichen Instinkts. So wie dem Leben erst mal nur das Trinken, Essen, Schlafen und Scheißen als absolute Notwendigkeiten zugrunde liegen, beschreibe ich die Angst gerne als das vierte Element.

Doch als der schachspielende Kobold, den ich so liebte, in dieser Nacht »Sie kommen!« keifte – diesen hexenartigen Schrei werde ich nie vergessen –, da bekam ich es mit der Angst zu tun, nahm die Beine in die Hand und suchte durch die Glückseligkeit der feiernden Menge den schnellsten Weg ins Freie.

Unten angekommen blickte ich mich hastig um. Links führte eine Gasse in den verwinkelten Ortskern Walheims. Hier würde ich – nicht zuletzt bedingt durch meine ausgeprägte Ortskenntnis – die Verfolger rasch abschütteln und gegebenenfalls sogar in einen Hinterhalt locken können, um ihnen dort ihre gerechte Strafe zuteilwerden zu lassen. Doch mein Bauchgefühl sagte mir etwas anderes. So orientierte ich mich nach rechts und eilte schnellen Schrittes auf einem schmalen Pfad hinunter zu den Getreidefeldern eines lokalen Bauern, mit dem mich die Ehrenmitgliedschaft im Walheimer Schützenverein verband.

Hinter mir hörte ich plötzlich Schritte, lautes Rufen und Keuchen: »Da ist der Kerl, los, schnappen wir ihn uns.« Ich musste die Verfolger loswerden und schlug mich schnell nach links durch die Halme eines Kornfelds. »Ha, ihr dummen Schweine werdet mich hier drinnen niemals finden. Für wen haltet ihr euch? Haut bloß ab von hier.« Im Getreidefeld war ich in meinem Element. Wie ein Fisch im Wasser durchquerte ich das Dickicht der Ähren, bis ich – Rums! – über eine im Boden befindliche Wurzel stolperte und der Länge nach hinschlug.

»Jetzt haben wir dich! Du hast mit dem Falschen gefickt, Panik Panzer. Aber wir sind Meteorologen und lassen uns das so nicht gefallen. Wir werden uns nun schrecklich an dir rächen, indem wir …« Weiter kam der Dummbeutel nicht, denn ein gleißender Blitz blendete die Umstehenden und mit einem lauten sirrenden Geräusch schossen zwei purpurrote Laserstrahlen aus den Tiefen des Weizenfeldes hervor und verwandelten die Arschlöcher in kleine Aschehäufchen, aus denen lustige Rauchwölkchen aufstiegen.

Ich musste nicht lange überlegen, sondern erinnerte mich sofort an die Bahnfahrt aus meiner Kinderzeit, auf der ich aus der *BILD*-Zeitung zum ersten Mal von der Existenz extraterrestrischen Lebens erfahren hatte. Es mussten Aliens sein, die mir da zu Hilfe geeilt waren. Außerirdische Weltraumreisende, die ihren Weg nach Walheim gefunden und das Kornfeld zum Landeplatz ihres intergalaktischen Raumschiffes gemacht hatten.

»Hallo, ihr Lieben«, begrüßte ich die Außerirdischen, denn ich wusste: Angst ist ein schlechter Ratgeber und wir können das Fremde nur schätzen, wenn wir es nicht als Fremdes, sondern als etwas Neues sehen. Entsprechend wollte ich in den Aliens auch kein Risiko, sondern eine große persönliche Chance erkennen. Außerdem hatten sie ja den frechen Meteorologen in ein Aschehäufchen verwandelt – eine kleine Gefälligkeit, die ich ihnen hoch anrechnete.

»Mamwlo Wamlik Womler«, nuschelte einer der sympathischen Außerirdischen. Was sollte das heißen? Vielleicht »Hallo Panik Panzer«? Da war ich nicht ganz sicher, aber ich ahnte, dass diese Wesen prinzipiell die irdische Sprache zu sprechen imstande waren, jedoch an einer klaren und deutlichen Aussprache scheiterten, da sie weder Zähne noch Zungen hatten. Als Zeichen meiner Sympathie und Dankbarkeit und um meinen neuen Freunden von vornherein meine Friedfertigkeit zu symbolisieren, streckte ich dem Anführer der Alien-Gang meinen angewinkelten Arm mit halboffener Handfläche hin. Doch die Wesen aus einem anderen Universum waren nicht im Besitz von Gliedmaßen, sodass der Captain meine Friedensgeste nicht erwidern konnte. Er war eine imposante Erscheinung, locker zwei Köpfe größer als die anderen Aliens und hatte auch als Einziger der Gruppe zwei Köpfe.

Behutsam wurde ich abgeführt und durchsucht. Neben den Dingen, die ich immer mit mir führte – Handy, Schlüssel, Portemonnaie, Teleskopschlagstock, Asthma-Spray, Zigaretten, Saatgut, Küsschen der Marke Ferrero, Schweizer Taschenmesser, Bengalo, Tachometer und ein Stück Kork, das von einer Fanta, die ich aus Versehen verkippt hatte, leicht aufgeschwemmt war –, hatte ich ausgerechnet heute auch eine kleine, aber feine Auswahl meiner liebsten Rap-CDs bei mir: Lyricists Lounge, Looptroop Rockers, Talib Kweli und Native Tongues Posse. Ich trug wirklich die exquisiteste Auswahl amerikanisch-schwedischen Conscious Raps am Mann, denn ich schaute zu echten MCs mit Aussage auf und konnte mit den materialistischen Rap-Ausprägungen, die gerade in Form von Crunk und Dirty South ihre Geburtsstunde erlebten, nicht viel anfangen.

»Wlem mamma wauf«, befahl der Alien-Anführer seinen Untergebenen und die emsige Bande suchte verzweifelt einen Weg, die CDs abzuspielen, die ich mit so leuchtenden Augen anschaute, dass das Interesse der Außerirdischen mehr als geweckt war. Schließlich brachten sie die Musik in einem sonderbaren Kasten, an dessen Außenseite zahlreiche Verkabelungen erkennbar waren und kleine bunte Leuchten blinkten, zum Abspielen. »*When the* – kchhr – *long arm* – kchhr – *of the law* – kccchr – *is grabbing you* – kchhhr.« Stockend, krächzend und stotternd feuerte Looptroops finest Promoe seine kritischen Rhymes aus dem Abspielgerät, das unüberhörbar nicht zum Abspielen irdischer CD-Scheiben konstruiert worden war. Doch das störte hier niemanden, die Party war schnell in vollem Gange und die Aliens rappten nuschelnd und stockend mit, bezogen die Störgeräusche und Pausen sogar in ihre Performance mit ein. Ein mutiger Alien schnappte sich eine Art Mikrofon, durch das seine Stimme sich sonderbar metallen verfremdete, was mich entfernt an Chers Endneunziger-Pop-Hymne »Believe« erinnerte. Was im ersten Moment kein Hörgenuss zu sein schien, entpuppte sich bei genauerer Betrachtung als revolutionäre Soundvision, die die internationale Musikwelt noch auf den Kopf stellen sollte.

Als ich am nächsten Tag aus unruhigen Träumen erwachte, fand ich mich in meinem Bett völlig unverwandelt vor. Ich schlurfte unter die Dusche und stellte mit einem großen Schreck die skalpellfeinen Einschnitte in meinem Genitalbereich fest, von denen auch der *BILD*-Leser 15 Jahre zuvor berichtet hatte. Mein Therapeut, ein Arschloch, das mir die Geschichte mit der Entführung nicht abnahm, empfahl mir kurz darauf, meine vermeintlichen Albtraum-Erlebnisse auf musikalische Art und Weise zu verarbeiten. Ich erinnerte mich an die wilde Alien-Party und versuchte, das wilde Genuschel und Gestotter dieser Nacht perfekt zu rekonstruieren, sodass ich in der Folge aus Versehen den ersten Trap-Song der Weltgeschichte aufnahm, den ich unter einem Pseudonym auf Soundcloud hochlud, um meinen guten Namen Panik Panzer nicht zu beschmutzen.

Aus heutiger Sicht mag das ein Fehler gewesen sein, denn während ich mein musiktherapeutisches Abfallprodukt direkt vergessen hatte, wurden amerikanische Musikcrawler schnell auf meinen Song aufmerksam und verwandelten den Traumpass Panik Panzers in einen erfolgreichen Torschuss. Wer erinnert sich heute noch an Bodo Illgner, der beim Finalspiel der Fußballweltmeisterschaft 1990 die entscheidende Flanke spielte? Richtig, niemand. Denn am Ende zählt, wer den Pass verwandelt und das Tor geschossen und nicht wer die Drecksarbeit gemacht hat. Ungerechte Welt, aber isso.

Was will ich euch damit sagen? Außerirdische existieren. Nur weil man euch sagt, dass etwas nicht stimmt, heißt das nicht, dass es wirklich nicht stimmt. Es kann genauso gut sein, dass die andere Person im Unrecht ist. Und, ja, wahrscheinlich ist das auch der Fall, wenn ihr nur fest genug daran glaubt. Die Meteorologen, die mir auf der Party in Walheim nach dem Leben getrachtet hatten, mussten das auf die harte Tour lernen. Heute sind sie tot, und das ist auch gut so.

MANN ÜBER BORD

Wie ich einmal eine Kreuzfahrt machte

Kennt ihr eigentlich Jeff Bezos? Nein? Jeff Bezos ist der Gründer und Chef von Amazon – einem großen Onlineversandgeschäft. Doch was einst als kleiner Familienbetrieb begann, der im Internet Bücher verkaufte, hat sich längst zu einem globalen Megaunternehmen ausgeweitet. Und auch die Produktpalette umfasst längst nicht mehr nur Lesestoff. Von der cellophanverpackten Schlangengurke lässt sich dort über CDs und Musikkassetten bis hin zu Urlaubsreisen und Immobilien alles finden, was das Herz begehrt.

Jeff Besos hat mit seinem Unternehmen viel Geld verdient und ist Multimillionär. So weit habe ich es bislang noch nicht gebracht. Aber der Erfolg von Herrn Besoz löst bei mir keinen Neid aus, sondern spornt mich an. Ich sehe ihn und Amazon als Inspiration, selbst etwas Großes zu erschaffen. Amazon gibt uns die Möglichkeit, Teil von etwas Großem zu sein, und das ist wunderbar. Viele emsige Helfer tragen entlang der Wertschöpfungskette dazu bei, dass die gewünschten Produkte uns oder zumindest eine Nachbarin oder die nächstgelegene Poststelle erreichen. Amazon ist ein Unternehmen, das nie schläft und das viele Mitarbeiter hat. Es gilt der Grundsatz: viele Hände, schnelles Ende. Das ist prima und bringt den Kunden etliche Vorteile, sodass ich Ihnen den Einkauf bei Amazon ohne Einschränkung ans Herz legen kann.

Trotz seines großen Erfolges ist Jeff Bezoz bescheiden geblieben. So fährt er beispielsweise immer noch seinen alten goldenen Honda Civic, den er schon in den 1970er-Jahren hatte, als das Unternehmen gegründet wurde. Das muss man sich einmal vorstellen. Dieser Mann hat alles und könnte sich alles kaufen. Er könnte mit einem Privatjet zu seinem eigenen Supermarkt fliegen, in dem er dann alles umsonst kaufen könnte. Das macht er aber nicht. Zugegebenermaßen steht sein Honda Civic meist in der Garage, weil Besos sehr viel zu tun hat. In den seltenen freien Minuten setzt sich Jeff jedoch gern hinters Steuer und dreht eine Runde um den Block. Dieser Mann ist mein Idol und ich dulde keinerlei Kritik an ihm.

Als ich eines Tages das Amazon-Portal nach neuen Angeboten und Verbraucherinformationen durchstöberte, fiel mein Blick auf eine Werbeanzeige. »Machen Sie eine Kreuzfahrt!« stand dort in bunten Lettern auf einem Banner. Neugierig klickte ich darauf. Ich muss zugeben, dass mir Schiffsreisen und allgemein auch die nautische Kultur der norddeutschen Küstenregionen vorher nie viel bedeutet hatten. Aber da ich wusste, dass auf den Amazon-Algorithmus Verlass ist, wenn es um die Antizipation meiner Bedürfnisse geht, war ich vollkommen sicher, dass mit dieser Kreuzfahrt für mich ein neues Kapitel meines Lebens beginnen würde. Und ich sollte nicht enttäuscht werden!

Wenn ihr, wie ich, von ganz unten kommt, dann wisst ihr den Reichtum und die Annehmlichkeiten des Showbusiness besonders zu schätzen. Doch obwohl ich meinen Beruf als MC und Musikproduzent liebe, muss ich mir immer mal wieder eine Auszeit gönnen, um mich von den Strapazen zu erholen, die das Leben im Rampenlicht mit sich bringt. Für etwas unter 10 000 Euro buchte ich eine Kajüte für eine 14-tägige Fahrt von Brüssel nach Kapstadt, um die Beine hochlegen und die Seele baumeln lassen zu können.

Die Zeit auf dem Schiff sollte mir die Ruhe verschaffen, um den Kopf freizukriegen und einige Dinge zu überdenken, die ich in meinem Leben ändern wollte.

Meine Reise begann an einem verregneten Freitagabend. Ich verabschiedete mich von meiner Frau und den Kindern und rief ein Taxi, das mich zum Hauptbahnhof bringen sollte. Von dort ging es weiter mit dem Schnellzug direkt nach Brüssel. Im Bordbistro trank ich einige Bierchen und eine Flasche Weißwein, um in Urlaubsstimmung zu kommen. Nachdem ich die mitgebrachten Butterbrote ausgepackt und vor mir auf dem Tisch arrangiert hatte, wies mich ein Beschäftigter der Deutschen Bahn AG auf das Verbot des Verzehrs von Fremdspeisen hin, weshalb ich den Proviant peinlich berührt wieder in meiner Reisetasche der Marke Dior verschwinden ließ. »Na das kann ja heiter werden«, dachte ich missmutig. Irgendwie war mir die Lust am Reisen vergangen. Der Alkohol tat seine Wirkung und stimmte mich traurig. Was machte ich hier eigentlich? Egal.

»Rums!« Plötzlich schreckte ich auf. Der Zug war abrupt zum Stehen gekommen. »*Thank you for travelling with* Deutsche Bahn«, hallte es aus den Lautsprechern über mir. Hastig klaubte ich meine Habseligkeiten – Geldbeutel, Reisepass, Taschentücher, Menthol-Zigaretten der Marke Marlboro – vom Tisch und kletterte aus der Tür auf den Bahnsteig, meinen Rollkoffer der Marke Samsonite an einem Plastikgriff hinter mir her ziehend. Vom Bahnhof aus sollte mich ein Shuttle-Service weiter zum Brüsseler Hafen bringen. Ich hatte mittlerweile die Schnauze komplett voll und ließ den Transport über mich ergehen, ähnlich wie ein Schaf sich der Schur beugt.

Im Brüsseler Hafenviertel angekommen gab ich dem Taxifahrer mein letztes Geld. Da ich ein All-inclusive-Ticket gebucht hatte, würde ich es an Bord des Kreuzfahrtschiffes nicht mehr benötigen.

Das Schiff, die *MS Berlin*, galt unter Kreuz- und anderen Seefahrern gemeinhin als das beste aller Urlaubsschiffe. Andere Kreuzer und Kriegsschiffe wie die *Nimiz* oder das Schnellboot *Pegasus* – beide der U.S. Navy angehörig – stellt die *MS Berlin* allein durch ihre Größe in den Schatten. Bekannt aus der ZDF-Serie *Traumschiff* fasst der stählerne Koloss über 3500 Passagiere – eine schwimmende Hotelanlage, der verschiedene Einkaufszentren und Amüsiermeilen angegliedert sind.

»Der Hunger kommt beim Essen«, quakte eine froschähnliche Stimme neben mir. Eine alte Frau die meine schlechte Stimmungslage irgendwie gespürt haben musste, nickte mir aufmunternd zu. Solche Arschlöcher konnte ich auf meinem Schiff echt nicht gebrauchen, also stieß ich die Frau ins Hafenbecken. Sollten sich die Haie um die blöde Sau kümmern. Über eine wackelige Planke balancierten wir an Bord. Es war gar nicht so leicht, den Rollkoffer über das schmale Brett zu ziehen. Doch die Schiffsbediensteten feuerten mich an. »Los, los, nicht verzagen, mein Lieber! Einen echten Panik Panzer bringt nichts zu Fall.« Dass sie meinen Namen kannten, freute mich und machte mir Mut und so meisterte ich die Aufgabe mit Bravour.

An Bord angekommen begrüßte der ranghöchste Kapitän jeden Passagier per Handschlag. »Hallo, ich bin Karl-Heinz Schmidt-Brandenburger. Ich bin hier der Kapitän. Schön, dass Sie da sind. Wenn es irgendein Problem gibt, kommen Sie doch bitte zu mir. Ich habe jederzeit ein offenes Ohr für Sie.« Na prima! Der Mann war mir auf Anhieb sympathisch. »Hier meine Visitenkarte, rufen Sie mich bitte an«, sagte ich zu ihm und zwinkerte ihm verführerisch zu.

Für viele Kreuzfahrtreisende gilt die Regel *What happens on the ship, stays on the ship*. Bei mir aber nicht und deswegen möchte ich Zeugnis darüber ablegen, was auf der *MS Berlin* wirklich geschah.

Wilde Gerüchte ranken sich um die Reise und es wird verdammt noch mal Zeit, die Scheiße endlich klarzustellen. Auf dem Schiff, das merkte ich sofort, herrschte ein Klima konstanter Angst und Instabilität. Ich hatte in meinem Leben einiges gesehen und war weit herumgekommen. Aber so etwas wie hier hatte sogar ich noch nicht erlebt. Ich werde das gleich weiter ausführen.

Meine Kabine war direkt unterhalb der Kommandobrücke gelegen, eine exponierte, aber auch exquisite Position, für die ich ordentlich hingeblättert hatte. Auf jedem Schiff gilt die Regel »Hast du was, dann bist du was«. Dass ich durchaus etwas habe, konnte ich den anderen Fahrgästen auf diese Weise gut sichtbar vermitteln. Die anderen Gäste des Schiffes lobten meinen Reichtum und meine geschmackvolle und stilsichere Auswahl der richtigen Kabine. Ich merkte sofort, dass ich mächtig Eindruck machte. Gut so, das konnte mir nur nützlich sein.

Am zweiten Morgen klopfte es an meine Kabinentür und eine verängstigte, gekrümmte Gestalt bat mich um eine Audienz. »Hilfe, Herr Panzer. Mir ist etwas zugestoßen.« Ich ahnte, dass dieser Person etwas Schlimmes zugestoßen sein musste. »Nun kommen Sie doch erst mal rein und beruhigen Sie sich bitte. Bei mir sind Sie sicher. Außerdem ist das hier eine wirklich tolle Kabine. Allein die Lage direkt unterhalb der Kommandobrücke. Hat mich allerdings ein hübsches Sümmchen gekostet. An die 10 000 Euro. Nun gut, was liegt an? Sagen Sie's frei heraus und es soll Ihr Schaden nicht sein.«

Aus dankbaren Augen blickte die verängstigte, gekrümmte Gestalt zu mir auf. »Ich bin vom Reinigungspersonal bestohlen worden und traue mich nicht, eine Beschwerde beim Kapitän einzureichen. Ich habe mit Bürokratien schlechte Erfahrungen gemacht. Ich glaube, die stecken hier alle unter einer Decke.« Ich war fassungslos. Sollte die verängstigte, gekrümmte Gestalt recht haben, musste mich mein durchaus positiver Eindruck vom Kapitän schon gehörig getäuscht haben. Andererseits konnte ich mir nicht vorstellen, dass dieser ängstliche Mensch den Mut aufbringen sollte, mich, den mächtigen Mann Panik Panzer, so dreist zu belügen. »Okay, mal angenommen, die Reinigungskräfte klauen und die leitenden Angestellten dulden deren Diebstähle – was könnte ich dagegen unternehmen? Das ist doch ein Fall für die Polizei«, grübelte ich. »Es gibt an Bord keine Polizei. Wir befinden uns in internationalen Gewässern und da bestehen keine klaren Zuständigkeiten. Das ganze Schiff ist praktisch ein rechtsfreier Raum. Ein schwimmender *Failed State*!«, belehrte mich die verängstigte, gekrümmte Gestalt.

Die Sache war klar. Ich, der Mann Panik Panzer, bin ein moderner Entrepreneur. Doch auf diesem Schiff war ich mehr, ich war nicht nur Unternehmer, sondern auch Staat. *L'état, c'est moi*! »Oh Shit, Alder«, sagte ich mir meiner neuen Verantwortung bewusst werdend. »Ich biete Ihnen gerne meinen Schutz an«, bot ich der verängstigten, gekrümmten Gestalt an. »Sie haben das Recht, sich unbehelligt auf dem Schiff zu bewegen. Aber Sie müssen eines wissen: Mit Rechten gehen auch Pflichten einher. Wenn ich also Ihre Rechte wahren und im Zweifelsfall durchsetzen soll, wird Sie das etwas kosten. Eine Art Versicherungsbeitrag.«

»Ich dachte, wir wären Freunde …«, sagte die verängstigte, gekrümmte Gestalt und ich wurde sauer. »Jetzt hör mal, du undankbares Arschloch«, schimpfte ich. »Das menschliche Leben ist ein Krieg aller gegen alle. Und damit sich die Menschen nicht gegenseitig an die Gurgel gehen, muss einer die Verantwortung übernehmen. Und das bin in diesem Fall ich. Ich bin der Leviathan! Und natürlich dein Freund, aber diese Freundschaft hat einen Preis. Und jetzt will ich hier keine dummen Fragen mehr hören, ich habe nämlich zu tun«, erklärte ich dem undankbaren

Taugenichts und zog meine Polizeiuniform an, die ich zufällig eingepackt hatte. »Während ich weg bin, räumst du bitte hier auf. Meine Paypal-Adresse ist paypal.me/tobiaspongratz. Wenn ich zurückkehre, muss alles ordentlich sein. Und weil wir Freunde sind, kostet dich deine Sicherheit auch nur 200 Euro. Bitte sehr!«

»200 Euro?«, winselte die verängstigte, gekrümmte Gestalt. »Das ist ja eine gehörige Stange Geld. Was bekomme ich denn dafür?« Ich verlor die Geduld. Es kann sein, dass ich in diesem Moment etwas überreagiert habe. Und eventuell kann es auch sein, dass eine weniger harsche Reaktion auf das Verhalten der verängstigten, gekrümmten Gestalt ebenfalls ausgereicht hätte. Aber hinterher ist man immer schlauer. Andere hätten vielleicht noch aggressiver reagiert und den armen Teufel gleich über die Reling ins Wasser gestoßen. »Entweder du zahlst oder du kriegst direkt noch eine! Haben wir uns verstanden?«, brüllte ich das Arschloch an und die verängstigte, gekrümmte Gestalt nickte hastig. »Gut«, sagte ich, »ich komme in einer halben Stunde wieder und dann ist die Kajüte schön aufgeräumt und das Geld auf meinem Paypal-Konto.«

»Meine Güte«, seufzte ich im Gehen halblaut vor mich hin, »da will man einmal Urlaub machen und dann direkt wieder so was. Na ja.« Meine Kontrollrunde begann an diesem Tag auf dem Unterdeck. Mir war klar, dass ich erst mal ein Exempel würde statuieren müssen, um den Passagieren deutlich zu machen, dass an Bord nun ein anderer Wind wehte. Ich war in dieser Zeit nicht gut drauf, weshalb mit mir auch nicht zu spaßen war. Doch trotz des Stresses und der häufig schlechten Laune war ich immer gerecht und reflektierte mein Handeln, sodass ich maßvoll und im Einklang mit den geltenden Gesetzen agierte. Hinzu kam, dass ich auf diesem Schiff die Gesetze selbst machen konnte, was meinen Spielraum erheblich erweiterte.

Ich sag es mal so: Mit der Sicherheit ist es ja so wie mit der Gesundheit. Man weiß sie erst zu schätzen, wenn sie mal nicht mehr da ist. Der Business Case, der sich mir hier eröffnet hatte, bedurfte also eines Unsicherheitsgefühls an Bord des Kreuzers. Schließlich lassen sich Sandkörner in der Sahara genauso wenig verkaufen wie Eiswürfel am Nordpol. Als Sicherheitsunternehmer hielt ich es daher mit dem deutschen Dichter Hölderlin, der einmal gesagt hatte, da, wo die Gefahr wächst, wächst auch das Rettende. Nur eben andersherum, wenn Sie verstehen, was ich meine.

Wir leben in schlimmen Zeiten und ich meine damit, dass wir in schlimmen Zeiten leben. Aber das war vielen an Bord nicht klar. Und so musste ich eben etwas tun, um es ihnen begreiflich zu machen. Ich schnappte mir den nächstbesten Passagier und gab ihm einen guten Rat: »Ich gebe Ihnen jetzt mal einen guten Rat: Vielleicht ist Ihnen schon die verängstigte, gekrümmte Gestalt aufgefallen. Wie mir zugetragen wurde, führt diese Gestalt Übles im Schilde. Dieses Schiff ist nicht länger ein Ort von Frieden und Sicherheit. Hier herrscht Anarchie und der nächste sichere Hafen ist weit. Mit anderen Worten: Sie sind in großer Gefahr!« Um meinen Worten Nachdruck zu verleihen, verpasste ich dem Idioten eine schallende Ohrfeige und warf ihn im Affekt über Bord. Im Nachhinein tat mir das leid, denn es bedeutete ja auch, dass ich von ihm kein Geld mehr erhalten würde. Ich musste mich ein bisschen am Riemen reißen.

Glücklicherweise war meine Tat nicht unbeobachtet geblieben. »Mann über Bord!«, rief ein Matrose aus dem Ausguck des Schiffes. »Was soll das? Warum haben Sie das getan? Wie kommen Sie auf die Idee, einen unbescholtenen Mann einfach so über Bord zu werfen?« Schnell umringte mich eine Traube empörter Fahrgäste. »Jetzt haltet mal alle die Schnauze. Ich wäre nicht dort, wo ich bin, wenn ich nicht immer wüsste, was zu tun ist. Dieser Mann war ein

Risiko für die Sicherheit an Bord des Schiffes. In seinem Gepäck hat er ein Quecksilberfieberthermometer an Bord geschmuggelt. Wie ich selbst erlebt habe, kann so ein Gerät Flugzeuge zum Absturz bringen und ist auch in der Lage, Schiffe zu versenken. Ich erwarte nicht, dass Sie das wissen. Aber Sie müssen mich zumindest meine Arbeit erledigen lassen«, erklärte ich der sich langsam beruhigenden Menge. »Im Endeffekt wollen wir doch alle dasselbe – eine geile Zeit an Bord der *MS Berlin*. Und damit wir die haben können, brauchen wir eines: Sicherheit. Und genau die kann ich hier für euch gewährleisten.« – »Ein Hoch auf Panik Panzer!« – »Freiheit braucht Sicherheit!« Zahlreiche verschiedene Sprechchöre hallten über das Deck und am Horizont verschwand der Idiot, den ich von Deck hatte werfen müssen. Eine neue Zeit war angebrochen.

Die Passagiere der *MS Berlin*, die mittlerweile meine Freunde geworden waren, wussten die Vorzüge meiner umfangreichen Sicherheitsdienstleistungen schnell zu schätzen. Und so verlief die weitere Fahrt vorerst ohne größere Zwischenfälle. Nur einmal musste ich den Bassisten einer der drei Showbands, die hier Abend für Abend amtlich ablieferten, eine Lektion erteilen, als er betrunken mit seinem Kontrabass kopfüber die kleine Bühne des Sterne-Restaurants heruntergeplumpst war und das sündhaft teure Abendkleid einer der Grandes Dames des Schiffes ruiniert hatte. Samt Instrument ging er über Bord und auf meinem Paypal-Konto ging ein schönes Trinkgeld ein.

Eines Tages war ich auf der Kommandobrücke unterwegs, als mein schöner Kapitän mir über den Weg lief. »Ich möchte Ihnen von ganzem Herzen danken, Herr Panzer«, sagte er freudestrahlend und schüttelte minutenlang meine Hand mit seiner rechten, während er die linke Hand sanft auf den Handrücken meiner Hand legte. »Ein Mann mit Stil, Klasse und Format«, dachte ich mir und freute mich über das väterliche Lob. Was Sie, liebe Leserinnen und

Leser, vor dem Hintergrund des bis hierhin Gesagten vermutlich nicht gedacht hätten, ist, dass ich – der Mann Panik Panzer – an diesem Tag auf dem Kreuzfahrtschiff selbst mit dem Rücken zur Wand gestanden hatte. Es war einer dieser Momente, in denen das Leben, wie man so sagt, auf des Messers Schneide steht.

Ich will, liebe Leserinnen und Leser, ganz offen mit Ihnen sein: Für einen Sicherheitsdienstleister ist es nicht einfach, die Sicherheitsdefizite, die er auszugleichen versucht, selbst zu verursachen. Versetzen Sie sich nur mal einen Moment in meine Situation. Die Oberaufsicht über das Schiff war in diesen Tagen ein Full-Time-Job. Während ich einerseits gezwungen war, den Leuten Angst einzujagen, musste ich andererseits für ihre Sicherheit sorgen. Wenn ich also in meinem einen Job Feierabend hatte, fing mein anderer gerade erst an. Ich war rund um die Uhr am Arbeiten.

Nach einer Weile sollte diese Form der Dauerbelastung ihren Tribut fordern. Ich hatte einen Burn-out an Bord der *MS Berlin.* Die Grande Dame, deren Abend ich gerettet hatte, indem ich den Bassisten von Bord geworfen hatte, war zufällig Psychotherapeutin. Als sie mich fragte, wie es mir ging, warf ich sie hinterher, denn dumme Fragen kann ich überhaupt nicht leiden und dem Mann Panik Panzer geht es immer gut! Außerdem hatten die Passagiere viel Geld für ihre Reisen bezahlt und *bad vibes* waren an Bord der *MS Berlin* ein absolutes No-Go.

Szenenwechsel: Wir befinden uns auf der Kommandobrücke. »Volle Kraft voraus!«, brüllt der attraktive Kapitän. Ein Ruck geht durch das Schiff und ich halte mich an der Reling fest. 48 Knoten Höchstgeschwindigkeit! Was an diesem Abend auf der Kommandobrücke sonst noch passiert ist, bleibt auf der Kommandobrücke. Und auch die Reise auf der *MS Berlin* ist für euch an dieser Stelle zu Ende. Zumindest bis es vielleicht irgendwann mal wieder heißt: »Alle Mann an Bord!«

PANZY UND DIE STARKEN MÄNNER

Wie ich einmal Bodybuilder wurde

Wir Menschen sind nicht allein. Anders als Robinson Crusoe, der auf einer Insel mit ein paar Menschenfressern und seinem Kompagnon Freitag wohnte, werden wir in Familien großgezogen. Wir sind keine Eremiten, wir sind gesellige Wesen, die den sozialen Umgang schätzen. Der Kulturphilosoph Gottlieb Herder hat den Menschen einmal als Mängelwesen beschrieben. Während die Schildkröte, einmal aus dem Ei geschlüpft, ihren Weg ins Wasser allein findet, braucht es für die menschliche Entwicklung die leitende Hand öffentlicher Institutionen und Kultureinrichtungen. Auch die Familie ist eine dieser Institutionen. Ihr Wirkungsradius ist allerdings nicht öffentlich, sondern privat. Vorsteher des Familienverbundes ist, zumindest im traditionellen Modell, der sogenannte Paterfamilias, also der Vater. In einigen Teilen der Welt steht dieses traditionelle Modell heute zur Disposition. Nicht so in meiner Familie. Ergo: Meine Familie ist sehr konservativ, fast schon reaktionär.

Für meine Brüder und mich hatte das Familienoberhaupt verschiedene Hauptinteressen bestimmt und so von vornherein jegliches Konfliktpotenzial zwischen den Kindern unterbunden. Für meinen ältesten Bruder wählte er das Angeln, der zweitälteste sollte ein Rennfahrer werden, der dritte wurde Sportler, der vierte, Populus, ein Zauberer und ich, das Nesthäkchen der Familie, sollte als Allrounder flexibel einsetzbar sein. Nur die festgelegten Interessen meiner Brüder blieben mir untersagt, sodass mögliche Überschneidungen als Ursache eines Bruderzwistes vermieden werden sollten. Von den Geschwisterkindern verfügte jedes bald über eine spezifische Expertise.

Da meine Expertise als Allrounder sehr breit angelegt war, investierte ich einen Großteil meiner Kindheit in die Entwicklung verschiedenster Fähigkeiten und konnte fast alles. Bereits in der zweiten Klasse löste ich einmal den Mathematik-Lehrer ab, der beeindruckt von meinen rechnerischen Fähigkeiten statt meiner den Platz in der letzten Reihe einnahm. Skatmeisterschaften, Skateboard-Contests, Malwettbewerbe – ich will nicht prahlen, aber in meiner Kindheit gab es keinen Wettkampf, den ich nicht gewann. Der junge Panik Panzer, ein Matheass, ein Sprachgenie und, auch was historische Daten angeht, gesegnet mit dem Gedächtnis eines Computers. Manchmal war ich sogar selbst überwältigt von meinen Fähigkeiten und klopfte mir zufrieden auf die Schulter.

Doch wie der griechische Halbgott Achilles, der an der Ferse verwundbar die Schlacht um Troja verlor, hatte auch ich einen Schwachpunkt. Anders als den meisten fällt es mir nicht schwer, offen mit meinen Schwächen umzugehen. Vor allem, weil es nicht viele davon gibt. Der Bereich Sport, der durch das Erziehungssystem meines Vaters meinem zweitältesten Bruder zugeordnet worden war, zählte, um es diplomatisch zu formulieren, nicht zu den Bereichen, in denen ich Höchstleistungen erzielte. Ich war ein kleines Pummelchen, nicht mal anderthalb Meter groß brachte ich bereits über 100 Kilo auf die rosafarbene Personenwaage, die im Bad meines Elternhauses immer direkt zwischen Toilette und Waschbecken stand. Da ich bereits ein ausgezeichneter Koch war, berauschte ich mich oft und gerne an meinen eigenen Kreationen. Es gab Hummer, getrüffelte Gänseleber und andere Köstlichkeiten, die ich in einem Food-Truck zubereitete, den mir mein Großvater, Gott hab ihn selig, kurz vor seinem Ableben vererbt hatte.

Die zahlreichen Teilnehmerurkunden, die ich in der Schule erhielt, waren für mich die größtmögliche aller Schanden. Ich schob das zertifizierte Versagen Jahr für Jahr an den unsichtbarsten Platz, den ich in meiner kleinen Schreibtischschublade finden konnte. Im Nationalsozialismus entstanden, waren die Bundesjugendspiele als wiederkehrendes Folterinstrument zur Züchtigung und Unterjochung junger Menschen als Innovation gefeiert und fest in die Curricula der Grundschulausbildung installiert worden. Wie in einem Kastensystem, nur schlimmer, wurden Schüler seitdem Jahr für Jahr geknechtet und gedemütigt und ein Großteil der Teilnehmenden blieb als Verlierer zurück. Seit Generationen sprudeln die Bundesjugendspiele als nie versiegender Quell von Angst und Frustration. Die größten Hurensöhne stehen auf dem Siegertreppchen und lassen sich in ihrer Überlegenheit von den Unterlegenen feiern, eine Geste des Hochmuts, die mir, dem Mann Panik Panzer, bis heute fremd und unverständlich erscheint.

Es war an meinem Geburtstag im Jahr 2001, als ich mit dem wohl niederträchtigsten Moment meines Lebens konfrontiert werden sollte. Ich war an diesem Tag 16 Jahre alt geworden und die damit verbundene Aufhebung gesetzlicher Restriktionen in Bezug auf Rausch und Sex lockte mit den vielversprechendsten neuen Möglichkeiten, die das Erwachsenwerden fortan auf ein neues Level bringen sollten. Mutter hatte mir direkt nach dem Aufstehen eine unbezwingbare Sahnetorte ans Himmelbett serviert, mein Vater schenkte mir das lang ersehnte Jagdgewehr und meine Brüder taten so, als hätten sie vergessen, mir ein Geschenk zu besorgen, versorgten mich aber hinter dem Rücken meiner Eltern mit einer großen Plastiktüte der Marke Aldi, die bis unter den

Rand mit mannigfaltigen alkoholhaltigen Getränken und Spirituosen gefüllt war. »Hier, Kleiner, probier dich ruhig durch«, sagte Populus, der Zauberer, grinsend.

Meine helle Freude sollte nicht lang anhalten, denn statt des regulären Schulunterrichts, stand ausgerechnet an meinem Geburtstag das alljährliche Martyrium der Bundesjugendspiele im Aachener Waldstadion an. Traurig dreinblickend, den Bauch voll Sahnetorte und angesoffen von einigen Klopfern, deren Wirkung ich nicht einzuschätzen gewusst hatte, saß ich im roten Linienbus der Aachener Verkehrsbetriebe und fühlte mich wie ein gemästetes Rindvieh auf dem Weg zum Schlachter. Mit dem Unterschied nur, dass mir der erlösende Bolzenschuss verwehrt bleiben würde. Ich musste da nun irgendwie durch. Ungelenk schleuderte ich beim Weitwurf den Ball übers Feld. »Sind wir hier beim Weitwurf oder beim Kurzwurf?«, giggelte die eine Sportlersau. »Wie ein Mädchen, diese Schwuchtel!«, triumphierte irgendein anderes Arschloch hinter mir, das genüsslich den wohl einzig möglichen Moment von Überlegenheit mir gegenüber voll auskostete. Wie jedes Jahr schaltete ich auch an diesem Tag einfach in die Duldungsstarre, führte wie mir geheißen aus und ignorierte das Geschehen um mich herum. Mir war alles egal. Beim Weitsprung ließ ich mich wie einen nassen Sack einfach über die weiße Markierung plumpsen, den Sprint verweigerte ich vollständig und schlurfte schweren Schrittes mit gesenktem Kopf Richtung Ziellinie.

Schuld war am Ende auch meine Verweigerungshaltung, dass alle gleichaltrigen Mitschüler meines Jahrgangs den Langlauf längst absolviert hatten und mir in dieser Disziplin nur noch der letzte Durchgang des Tages mit einer Gruppe sportlicher Jugendlicher zwei Stufen über mir blieb. Die Tribüne voll johlender Schadenfreudiger, trottete ich schwitzend und schwankend den roten Kiesboden entlang, der das große Fußballfeld des Stadions in einem

Oval umkreiste, und wurde etliche Male von den schönen Athleten überrundet. Jedes Mal, wenn ich die Tribüne passierte, senkte sich mein Haupt ein Stück tiefer und ich versuchte, das Gegeifer der Hunderten Schaulustigen so gut es ging zu ignorieren.

Mein Sportlehrer war ein dummes Schwein. Lichtes Haar über der ledernen Stirn, solariumbraune Bierwampe, getönte Helmut-Kohl-Brille und immer eine viel zu knappe Sporthose, in der sich die Umrisse seines Pimmels abzeichneten. Der Typ hatte das stereotype Aussehen eines Pädophilen und zudem den Ruf, tatsächlich einer zu sein. In der Turnhalle nutzte er jede Gelegenheit, um meine Klassenkameradinnen unter dem Vorwand der Hilfestellung zu begrapschen, und auch seine regelmäßigen Versuche, uns zum Duschen zu überreden, schienen uns verdächtig. Die dumme Sau ergriff jede Möglichkeit, um mich niederzumachen, kommentierte in jeder Turnstunde lautstark meine sportlichen Defizite und erntete den Applaus meiner Mitschüler.

Auch im Waldstadion kostete mein Peiniger den Moment voll aus, griff zum Mikrofon und mimte den Stadionsprecher. Ich war der Letzte auf dem Feld, nur an der Ziellinie stand noch einer der Abiturienten und wartete mit der Stoppuhr in der Hand gelangweilt auf meine Ankunft. Der Sportlehrer ließ sich über die Sprechanlage des Stadions genüsslich über meinen Rückstand aus, wovon ich nur einzelne Wortfetzen wahrnahm. »Wie viel kann ein Mensch schwitzen?«, »Kinder, das Essen wird zu Hause kalt, macht dem Kollegen hier mal ein bisschen Druck.«, »So einen Abstand habe ich nie gesehen, das ist ein neuer Negativrekord.« Die Tribüne bebte.

An diesem Tag beschloss ich, mich dem Sport für immer zu verweigern. Ich ließ mir vom Hausarzt eine schwere Asthmaerkrankung attestieren und wurde fortan auf keinem Hartgummiboden oder Rasen der Stadt mehr gesehen.

Köln-Deutz, 2015, 5:45 Uhr, 14 Jahre später. Der Wecker klingelte, doch ich war bereits wach und hatte die ersten 100 Push-ups schon hinter mir. Ich ärgerte mich, dass ich diesen verdammten Wecker mal wieder nicht abgestellt hatte, denn jede kleinste Abweichung von meinem perfekt arrangierten Tagesablauf rief in mir ein Gefühl des Scheiterns hervor. Ich rieb einen Viertel Apfel in meinen Eiweiß-Shake und guckte angewidert auf die ausrangierte Kaffeemaschine auf meinem Balkon, die ich aus der Wohnung verbannt hatte, seit ich wusste, dass sich Koffein negativ auf meine Leistungsfähigkeit ausgewirkt hatte. Unter mir lag faul und antriebslos das zu diesem Zeitpunkt noch tief schlafende Deutz. In einer Dreiviertelstunde würde mich die perfekt abgestimmte Schedule des Tages auf meinem Smartphone erreichen, die einer meiner Assistenten aus der Vielfalt der bei uns in diesen Tagen eingehenden Anfragen zusammengestellt hatte. So gerne ich es getan hätte, war es schon lange nicht mehr möglich, die zahlreichen Anfragen zu bearbeiten, die auf den viel beachteten Mann Panik Panzer stündlich einströmten und seinen Posteingang zum Überquellen brachten.

Beginnen würde der Medientag mit einem Termin beim *ARD-Morgenmagazin*, von da aus ginge es mit dem Hubschrauber weiter zur Eröffnung des Gummersbacher Tierheims und später zur Auslosung der Halbfinalspaarung des DFB-Damenfußballs. Mein gespaltenes Verhältnis zum Sport hatte ich längst überwunden und die Unterstützung des Männer- und Frauenfußballs war mir zu einer Herzensangelegenheit geworden. Nun fragen Sie, liebe Leserinnen und Leser, sich natürlich, wie das möglich ist. Da sieht man, dass es mit Ihrem Vorstellungsvermögen nicht besonders weit her sein kann. Jeder normale Mensch hätte schon damals wissen müssen, wer in nicht allzu langer Zeit Ross und wer Reiter sein würde. Während der Sportlehrer und meine Mitschüler mich verspotteten, wuchs ihnen im Schatten ihrer Überheblichkeit ein mächtiger Feind heran. Doch *revenge is a dish that is best served cold.* Und meine Rache sollte kommen, aber so was von, es brauchte nur diese eine schicksalhafte Begegnung, die wie der Flügelschlag eines Schmetterlings am Ende des Universums ein Erdbeben auslösen sollte. Über den Häuptern der Hurensöhne hing an einem seidenen Faden ein Damokles-Schwert. Und dieses Schwert war ich.

Köln, Hans-Böckler-Platz, 2013, 5:45 Uhr, zwei Jahre zuvor. Ich stand im Außenbereich eines berüchtigten Kölner Technoschuppens und fragte die Umstehenden, ob jemand noch was habe. In dieser Zeit war ich mies am Ballern und haute mir alles rein, was ich zwischen die Finger kriegen konnte. Für mich gab es keine Grenzen, ich hatte Liebeskummer und war ein schlimmerer Junkie als Keith Richards und Kurt Cobain zusammen. Selbst Pete Doherty, den ich kurz zuvor im Hamburger Clouds Hill Studio einmal zu Boden gebracht hatte – was aber eine andere Geschichte ist –, wäre zu dieser Zeit von meiner Konsumleistung beeindruckt gewesen. Ich poppte mehr Pillen als Amy Winehouse und sah fertiger aus als Torsun Burkhardt nach vier Tagen auf dem Fusion Festival. Ich war immer betäubt und suchte Ärger, wo es nur ging. Noch heute ranken sich Mythen um den Fahrradwurf von Ehrenfeld. Genaues weiß man nicht, doch einige Passanten müssen meine nackte Performance in dieser Nacht in traumatischer Erinnerung behalten haben, und beim Showdown von Schaufensterscheibe und Fahrrad setzte ich sämtliche Gesetze der Physik zur Verwunderung aller Anwesenden kurzzeitig außer Kraft.

Der angesagteste Technoclub der Rheinmetropole war in jenen Tagen das »Gewölbe« in Ehrenfeld. Von Dr. Motte über Sven Väth bis hin zur Kultraverin Marusha hatten dort schon alle wichtigen Figuren der internationalen Technoszene für ein musikalisches Rahmenprogramm gesorgt, das arme Würstchen und verlorene Seelen wie mich beim Konsumieren verschiedener Party- und Nicht-Party-Drogen unterhalten sollte. Und getanzt werden durfte auch. Meine Suche nach einer neuen Dosis im Außenbereich war wie immer recht schnell von Erfolg gekrönt und ich fand mich kurz darauf in einer der Toilettenkabinen wieder, um mich an einer unbekannten Substanz zu berauschen. Ich verbrachte einige Zeit sitzend auf dem Klo und führte angeregte Gespräche mit der Türklinke, bis ich plötzlich wieder wusste, wo und wer ich war.

Hämmernde Schläge an die Klotüre brachten die ganze Kabine zum Wackeln. »Ey, ich muss kacken, mach, dass du rauskommst.« Beschämt öffnete ich die Kotflügeltür und stand Angesicht zu Angesicht vor einem riesigen Wikinger. Den Kinnbart zu einem eindrucksvollen Zopf geflochten, überragte mich der Hüne um einige Meter. Das Amulett eines Thorhammers baumelte vor meiner Nase, aus der ich vor Schreck ein paar Krümel der unbekannten Substanz auf seine schweren Stiefel nieste. Seine Brustmuskeln zuckten und die Konturen der Bauchmuskulatur markierten in der Körpermitte ein eindrucksvolles Relief. Dieses Tier kam mir bekannt vor, denn es erinnerte mich an einen skurrilen Typen aus dem Internet, der durch ein Video seines imposanten Auftretens auf einer Technoparade weltweite Bekanntheit erlangt hatte. Mit einem gutturalen Schrei, der den Brunftlauten eines Hirschs ähnelte, übertönte der Berserker die Technomusik. Eine entfesselte Naturgewalt wies die menschengemachten Klänge in ihre Schranken. »Ja bist du denn von allen guten Geistern verlassen?«, fragte mich der Wikinger neugierig. »Exakt, mein Lieber!«, antwortete ich flink und kam mir unfassbar schlagfertig vor. »Mensch, du bist ja unfassbar schlagfertig«, entgegnete der Gigant. »Warte hier kurz, wir haben einiges zu tun.«

Köln-Kalk, 2013, 5:44 Uhr, einige Monate später. Ich bog in einem Mon-Chéri-farbenen SUV, der durch zahlreiche Anpassungen in puncto Fahrwerk und Karosserie von einem Monstertruck nicht mehr zu unterscheiden war, von der Thessaloniki-Allee rechts rüber in die Wipperfürther Straße direkt auf den Parkplatz des lokalen Fitnessstudios der Marke McFit. Der Wikinger, dem das beeindruckende Fahrzeug gehörte, sprang aus dem Fahrerhaus und triezte mich. »Zackig jetzt, du bist wie immer zu langsam.« – »Wann ist man denn nicht zu langsam«, japste ich, »nie!« Wie immer war der Schrank von Mensch beeindruckt von meiner Scharfsinnigkeit. Nach unserer Begegnung auf der Club-Toilette hatte der Wikinger meine Begeisterung für den Sport aktiviert, die hervorzurufen der Sportlehrer, trotz eines pädagogischen Studienabschlusses, zeit unserer Zusammenarbeit versagt hatte. Aber für Versager war in meinem Leben schon lange kein Platz mehr. Apropos Platz: Heute war Leg-Day und meine Oberschenkel platzten mittlerweile aus allen Nähten. In kürzester Zeit war ich erst vom Fettsack zum Muskelprotz und vom Muskelprotz zum Beast mutiert. Den Party- und Nicht-Party-Drogen hatte ich längst abgeschworen. Nur ein wenig Ephedrin hatte ich in der Defi-Phase von einem russischstämmigen Schwarzhändler bezogen.

»NOCH DREI!!! JETZT NOCH ZWEI!!! JETZT KOMM!! ZIEH DRAN, JUNGE!!!!« Die Stimme des Wikingers dröhnte in meinen Ohren. »WIR SIND KEINE DISCOPUMPER, WIR SIND WIKINGER!« – »OKAY COACH, WIR SIND WIKINGER!!!« Mit den Erwartungen des Nordmannes Schritt halten zu wollen hatte mich im Verlauf der letzten Wochen an meine Grenzen und darüber hinaus gebracht. Wege, so hatte ich gelernt, entstehen dadurch, dass man sie geht. Mit Schwung und Elan balancierte ich die Langhantel gekonnt zurück in ihre Ausgangsposition. »So, Schluss für heute, mein lieber Junge.« – »Was?« Verdattert blickte ich den Muskelberg an, der mich die letzten Wochen mit immer neuen Überforderungen an den Rand der Belastbarkeit gebracht hatte. »In zwei Wochen findet in Qaanaaq ein großer Wikinger-Wettkampf statt und ich will, dass du dabei bist. Schone deine Kräfte, ich zähle auf dich!« Und bevor ich dem Mann, der innerhalb kürzester Zeit eine Art Vaterfigur für mich geworden war, antworten konnte, war er schon verschwunden.

Plötzlich fühlte ich mich zurückversetzt nach Bickenbach an der Bergstraße, wo der wohlgenährte Feuerwehrhauptmann Bauch mir die Grundkenntnisse von Brandschutz und Feuerbekämpfung vermittelt hatte, um mich kurz darauf für den Wettkampf auf die Leistungsspange einzustellen. So wie Bauch mir damals vor dem Haus meiner Eltern einen Feuerwehrhelm zugeworfen hatte, hatte auch der Wikinger mit dem Wurf eines Handtuches ein paar Wochen zuvor eine Initialzündung ausgelöst. Ich wusste, dass es beim Wikinger-Wettkampf um alles gehen würde, und ich war bereit, alles zu geben, um alles zu gewinnen.

Qaanaaq, 2013, 5:45 Uhr westgrönländischer Zeit, einige Wochen später. Bekleidet mit einem Bärenfell stand ich in einer langen Reihe ebenfalls mit Bärenfell bekleideter Anwärter auf den Titel »Wikinger des Jahres 2013«. Nunmehr nicht mehr von den anderen zu unterscheiden hatte ich mein lang gewachsenes Haar zu zwei strammen Zöpfen geflochten, die unter einem eisernen Helm hervorragten. »Hervorragend«, dachte ich. Ich brauchte keine Drogen mehr, um mich zu berauschen, denn wir waren Wikinger und berauschten uns an uns selbst.

Ich sag es euch, wie es ist. Wäre ich nur wenige Monate zuvor zur selben Zeit am selben Ort gewesen, hätte ich die raue Natur in ihrer Schönheit nicht wahrnehmen können. Den Widrigkeiten der grönländischen Klimabedingungen schutzlos ausgeliefert, wäre ich auf der Stelle erfroren. Was mich, ebenfalls ehrlich gesagt, damals noch nicht einmal besonders gestört hätte, denn mein Leben war am Ende gewesen. Der Wikinger hatte mich gelehrt, mich am eigenen Schopfe aus dem Morast zu ziehen, wie einstmals der Graf Münchhausen. Nur dass das hier eben kein Bullshit war, sondern Realtalk. Aber jetzt war nicht der Zeitpunkt, große Reden zu schwingen, denn der Wikinger-Wettkampf war in vollem Gange. Baumstämme flogen durch die Luft, zahlreiche Polarbären verloren im Zweikampf ihr Leben und ein paar Fischersiedlungen, die extra für den Wettkampf errichtet worden waren, wurden gebrandschatzt. Es war ein Wettkampf auf Leben und Tod.

Mit den anderen Adepten verband mich in diesen Stunden ein Gefühl, das ich nie vorher empfunden hatte. Eine Symbiose aus Liebe und Hass, von Zerstörungswut und dem Wunsch nach romantischer, ja erotischer Vereinigung. So, das wusste ich instinktiv, konnten nur Männer fühlen, die sich im Kampf mit der Natur und sich selbst gegenseitig zu besiegen suchten und doch erkannten. Ineinander fanden sie sich selbst. So wurde der Wikinger-Wettkampf zu einer der intensivsten Erfahrungen, die ich jemals gemacht habe.

Ein Wikinger nach dem anderen kippte um, sodass am Ende des mehrtägigen Wettkampfes nur noch ein unrealistischer Fleischhaufen aus Reykjavik und ich uns gegenüberstanden. Dieser Spinner sah aus wie eine Warhammer-Figur oder die Illustration einer Magic-Karte. Ich konnte mir das Lachen nicht verkneifen: »Wie siehst du überhaupt aus, Alter?«, lachte ich selbstbewusst. In diesem Augenblick lachte ich nicht nur meinem Opponenten, sondern auch dem Tod ins Gesicht, denn ich ahnte, dass ich in der nun folgenden letzten Disziplin, dem Ordal, sterben würde. Doch mit dem Rücken zur Wand ist ein Mann am gefährlichsten. Jemand, der nichts zu verlieren hat, kann alles aufs Spiel setzen, ohne dabei etwas aufzuwenden.

Ein großer Kreis bildete sich um mich und den Fleischberg und nach den Kämpfen der letzten Tage ging nun alles ganz schnell. Mit einer Rasierklinge schnitt man uns in den Bauch, sodass ein paar Eingeweide unappetitlich ihren Weg ins Freie suchten. Das Blut floss in Strömen an unseren gewaltigen muskulösen Oberschenkeln hinab. Man stopfte uns Gift und verdorbenes Essen in die Mäuler, reichte uns ein glühendes Stück Eisen und wartete ab, wer als Erstes umfallen würde. Ich war erleichtert. Die Sache mit der Rasierklinge lassen wir jetzt mal raus. Aber durch meine intensive Zeit im Kölner Nachtleben hatte ich dem Gift gegenüber bereits eine hohe Toleranz aufgebaut. Auch verdorbenes Essen konnte mir nichts anhaben, denn mein Magen war vieles gewohnt. Und durch meine jahrelange Erfahrung in der Bickenbacher Feuerwehr war ich schon als Kind den schlimmsten Infernos ausgesetzt gewesen, ein glühendes Eisen war für mich so etwas wie für andere eine Wunderkerze. Ich weiß nicht, wann in meinem Leben der junge Panik Panzer zum Jungen Panik Panzer und der Junge Panik Panzer zum Mann Panik Panzer wurde, aber wenn es einen Wendepunkt gegeben haben sollte, dann war es wohl der Wikinger-Wettkampf.

Ich brauchte nur darauf zu warten, dass mein Kontrahent umfiel. Gott fällte sein ohnehin längst fälliges Urteil und mit dem Urteil fiel auch der Gegner. Grönland triumphierte. Was will ich euch damit sagen? Ihr dürft niemals aufgeben. Isso.

KINDER SIND TABU

Wie mich ein kleines Mädchen zu Tränen rührte

It's a long way to the top, if you wanna rock'n'roll. Bon Scott, seines Zeichens Frontmann von Bon Jovi, der erfolgreichsten Emo-Rockband aller Zeiten, ist nur 33 Jahre alt geworden, als eine Alkoholvergiftung den Rockgiganten hinwegraffte. Die Alkoholvergiftung ist eine Vergiftung des menschlichen Körpers durch Ethanol, welches die Funktionsfähigkeit des Gehirns zeitweilig zu Höchstleistungen treibt. Man denkt an alles Mögliche gleichzeitig, bis das Zentralorgan irgendwann den Geist aufgibt. Alkohol zählt zu den Lebergiften, beeinträchtigt die Blutbildung, schädigt den Embryo und ist der natürliche Feind des Menschen. Der Teufel, so sang bereits das Schwein Udo Jürgens, hat den Schnaps gemacht, um uns zu verderben. Jetzt passt mal auf. Ich hab nicht den ganzen Tag Zeit. Seid mal jetzt alle ruhig – hey!

Jeder hat in seinem Leben eine schwere Zeit. Bei den meisten Menschen ist es die Pubertät, denn man hat Pickel und fühlt sich zu dick. Manche Leute werden sogar Gothics oder rechts. Ihnen fehlt der Halt im Leben und auf der Suche nach Zugehörigkeit und Orientierung begehen sie folgenschwere Fehler. Ihre Biografien drohen zu scheitern. Für solche Leute habe ich keine Zeit.

Doch auch ich, der Mann Panik Panzer, das möchte ich euch in aller Offenheit gestehen, habe es nicht immer leicht gehabt. Den Tiefpunkt meines Lebens markierte ganz klar die Phase nach meinem ersten Platz-1-Album. Meine Band und ich hatten alles abgeräumt, was man hätte abräumen können. Mit verkauften Einheiten in vier- bis sechsstelliger Höhe hatten wir uns nicht nur mehrfach Platin geholt, sondern auch den Triple-Echo, den bronzenen Bravo-Otto und den Integrations-Bambi erhalten, was zuvor nur dem Gold-Rapper Sonny Black vorbehalten gewesen war. Wir waren *fuckin' bigger than Jesus*! Wir spuckten auf die Bilder aller, die einmal unsere Vorbilder gewesen waren. Ikonen wie Michael Jackson, Freddie Mercury oder Peter Maffay – wo waren sie jetzt? Was wollten sie gegen uns ausrichten? Monatelang lagen uns die Fans Abend für Abend zu Füßen, wo immer wir auftauchten, rote Teppiche und Blitzlichtgewitter. Es war das Jahr 2017, wir waren größer als Elvis. Zusammen mit der Mittelaltersexband Feuerschwanz teilten wir uns den Pop-Olymp.

Aber ihr wisst ja, wie es ist: Zeiten ändern sich, Zeiten ändern dich. Der Erfolg war uns zu Kopf gestiegen, aber das mit Recht, denn zu diesem Zeitpunkt schrieben wir zahlenmäßig Musikgeschichte. Wir waren wirklich, wirklich *bigger than Kiss, bigger than the Stones, bigger than the Beatles*. Wer gab euch »Pizza«, »Lob der Lüge« oder die Punkpladde, auf die jeder Bock hadde? Die Antwort wissen wir alle.

Nach einem Auftritt im Münchner Olympiastadion im Rahmen des Oktoberfests sollte sich alles ändern. Plötzlich war alles anders. »Ich hab keinen Bock mehr«, sagte einer meiner Bandkollegen. »Ich auch nicht, lass uns abhauen«, entgegnete der andere. »Hey Leute, und was soll ich jetzt machen?« Ungläubig starrte ich die beiden an. »Das soll ja wohl ein Scherz sein, seid ihr etwa übergeschnappt? Wir sind gerade in aller Munde, habt ihr das vergessen?« Wild fuchtelnd und meine ganze Überzeugungskraft in die Waagschale werfend versuchte ich die beiden umzustimmen, doch vergebens. Ehe ich mich versah, stand ich ganz allein in der Arena.

Nur noch ein paar Bühnenarbeiter wirbelten emsig um mich herum, aber ich nahm sie gar nicht mehr wahr.

»Verpiss dich, Junge, morgen ist hier eine Show von In Extremo«, zischte mich eine krumme Gestalt auf einem Rasenmäher an.

Doch damit nicht genug. Der Himmel öffnete sich und eine Regenwolke entlud ihre gesamte feuchte Fracht auf mein müdes Haupt. Ich breitete die Arme aus, starrte in die Schwärze der Nacht und weinte lautlos. Die Tränen und der Regen verbanden sich zu einer unheilvollen Symbiose, die meine roten Pausbacken entlangplätscherte. Mir ging es richtig scheiße.

Vielleicht erinnert ihr euch mal an den traurigsten Moment eures gesamten Lebens, das Versagen eures liebsten Fußballvereins oder den Verlust eines lieb gewonnenen Haustiers. Ein Hund, eine Katze oder womöglich ein Meerschweinchen. Nichts davon kann den Schmerz beschreiben, den ich in meiner verzweifelten Lage empfand. Das Leben war ein eingestürztes Kartenhaus und vor mir lag keine Herz Dame, sondern die Kreuz Neun und ein Ass hatte ich auch nicht im Ärmel. Jetzt ist es eh egal, dachte ich mir und kackte ein.

Ich erwachte gebadet und wohlriechend im Kingsize-Bett eines luxuriös eingerichteten Hotelzimmers. »Bin ich im Himmel?«, fragte ich eine der Samba-Tänzerinnen. »Nein, du bist im ›Bayrischen Hof‹«, nuschelte ein lustiger Zwerg auf einem Einrad. Ich nahm mir den Bastard zur Brust. »So redet keiner mit mir, ich bin Panik Panzer und nicht irgendein Hanswurst. Na warte, dich knöpf ich mir vor. Du wirst mich gleich kennenlernen. Du Kackvogel hast die Rechnung ohne den Wirt gemacht.« Ich sprang vom Satin und eine wilde Verfolgungsjagd begann. Der rote Teppichboden der kilometerlangen Hotelflure wurde zu glühender Lava. Die braunen und dunkelgrünen Sofas, die im Foyer des Hotels um die Cocktailbar arrangiert waren, schwammen wie kleine Bohrinseln im wogenden Feuergesteinsmeer.

Plötzlich öffnete sich ein Tor zu einer anderen Dimension und auf einem Drachen reitend kam ein freundliches Kind daher. »Hallo, mein Lieber, mein Name ist Sahra.« – »Was willst du?«, fragte ich unwirsch das nervige Kind. »Ich komme, um dich zu retten. Der Erfolg ist dir zu Kopf gestiegen. Du hast vergessen, wo du herkommst.« Das hatte ich nicht. »Natürlich weiß ich, wo ich herkomme.« Doch das war gelogen, denn so sehr ich mich auch bemühte, es fiel mir einfach nicht mehr ein. In diesem Augenblick war ich wie ein Baum ohne Wurzeln, eine unbefleckte Empfängnis, ein Blatt im Wind.

Mit zugekniffenen Augen zermarterte ich mir das Hirn und versuchte, mich mit aller Kraft zu erinnern, wo ich herkam. »Wer hat dich eigentlich so schlecht erzogen?«, wechselte ich schnell das Thema. »Ich bin ein erwachsener Mann und du ein Kind, was weißt du schon vom Leben?« Mit einem vorwurfsvollen Monolog versuchte ich, Zeit zu gewinnen, und redete mich in Rage. »Und überhaupt, wie siehst du denn aus? Ich habe freche Früchtchen schon wegen weit weniger in den Kerker verfrachtet. Los, mach dich vom Acker, mach 'ne Fliege, aber ein bisschen plötzlich, bevor ich mich hier vergesse.«

»Ich sag doch, du hast es vergessen«, entgegnete das Kind keck. »Ich werde dich den Hunden zum Fraß vorwerfen, du elendes Wechselbalg.« Mit Spucke im Mundwinkel schimpfte ich minutenlang auf das unbeeindruckte Männlein ein. Es trug ein RUN DMC Shirt und Baggy Pants der Marke Freeman T. Porter, wie ich sie mir in meiner Kindheit selbst gerne bei urbanen Mode-Geschäften wie Velvet, Bananas oder dem Sporthaus Drucks geholt hatte, das bis heute eine absolute Institution in der Stadt Aachen ist. Auf einmal wusste ich wieder, wo ich geboren worden war. »Es wird langsam Zeit, mich zu der Scheiße hier zu äußern«, polterte ich erleichtert, »ich komme aus Aachen City, der geilsten Stadt in Deutschland.« Sie rappte zurück: »Ich bin Sahra, du Versager, und ich scheiß auf dein Gelaber, Panik Panzers Lügen haben kurze Beine wie sein Vater.« Ich stieg ein: »Ich bin startklar wie ein Jet, diese Sahra, sie ist wack, sieh, ich chartere ein Flugzeug, sieh, du chartest nicht mit Rap.« In der Hotellobby hatte sich eine Crowd formiert und ein heftiges Battle entbrannte. »Wo sind eure Hände? Ich will alle Hände sehen!«, schrie das hysterische Kind. Denyo kam rein und zwinkerte mir anerkennend zu. Ich erinnerte mich an meine jungen Jahre, Freestyle-Partys im Autonomen Zentrum, den Geruch von Buttersäure und abgestandenem Bier, Adrenalin, Männerschweiß und spittete heftig: »Ich rock das Mic, du bist noch zu klein, wie kann man als Kind schon so ein Opfer sein?« Sie gab sofort auf. Gegen mich, den Mann Panik Panzer, war mal wieder kein Kraut gewachsen. Wir gaben uns den Männer-Check und einigten uns darauf, dass ich gewonnen hatte. Das Scheißkind hatte eine Mordskraft, sodass ich laut aufschrie, als unsere Hände sich ineinander verkrampften. »Bist du wahnsinnig?«, rief ich und konnte nicht mehr anders. Ich schlug das Kind. Eigentlich neige ich nicht zu Gewalt, ich verabscheue Gewalt regelrecht. Insbesondere Kinder sind tabu. Aber an diesem Punkt in meinem Leben hatte ich mich einfach nicht mehr unter Kontrolle. Außerdem hatte sie angefangen.

»Kennst du eigentlich Wildstyle?«, lenkte ich versöhnlich ein. »Hip-Hop ist nicht einfach nur Rap, Hip-Hop ist eine Kultur, es gibt vier Elemente«, erklärte ich ihr. »Hip-Hop kommt aus der Bronx. Das ist in Amerika. Und es wurde in den 70er-Jahren gegründet. Dort gab es Block Partys und andere Events, bei denen nicht nur die MCs ihr Können unter Beweis stellten, sondern auch die DJs, Sprayer und Breakdancer. MCing, DJing, B-Boying und Writing sind bis heute die drei Grundpfeiler unserer Kultur und eine schöne Alternative zu Gewalt, Kriminalität, Drogen und Depression. Es wird endlich Zeit, dass du dich in unsere Wertegemeinschaft integrierst. Das gibt es in deiner Dimension wohl nicht, was, kleine Alienlady?«, schnatterte ich väterlich. »Wer ist heute Abend wegen Hip-Hop hier?« Ich war in meinem Element, die Crowd gab mir Props und ich meinte zu hören, wie sie johlten und mich feierten. *»DJ, spin that shit«*, schrie ich selbstbewusst, doch es passierte nichts. *»Bring that beat back«*, bekräftigte ich mein Anliegen, aber die ohrenbetäubende Stille um mich herum wurde immer unerträglicher. *»Mic check, one, two.«* Ich versuchte mein Möglichstes, um die peinliche Situation zu überspielen. »Habt ihr eigentlich Wildstyle gesehen?« Keiner war mehr da. »Kennt ihr den Unterschied zwischen einem Rapper und einem MC? Hier trennt sich die Spreu vom Weizen. Ein Rapper kann im Studio rappen, doch ein kompletter MC, ein Master of Ceremony, der kann jedes Publikum um den Finger wickeln. Also macht mal 'n bisschen Lärm und gebt mir ein ›Oh yeah‹.« Doch meine Worte verhallten in der mittlerweile leeren Hotellobby.

»Jetzt siehst du, wohin dich dein Größenwahn gebracht hat.« Selbst der Drache lachte mich aus und hämische Rauchwolken entstiegen seinen bebenden Nüstern. »Du hässlicher Bengel«, beschimpfte ich das Kind, »halt endlich den Rand. Ich kann das nicht mehr ertragen. Ich habe *dues gepayed.* Wir glaubten so stark an die Hip-Hop-Kultur und haben alles für sie gegeben. Blauer Samt, Too Strong, Pure Doze, Der Lange, Funky Chris, Wholecars, immer *top to bottom*, *face to street* und *full color* – Rap, Grafitti, Breakdance. Eine Kultur. Du weißt. Looptroop und alles. Das war unser Ding und wird es immer bleiben.« Das Kind strahlte mich an. »Genau das ist es, das sind deine Wurzeln, dis wo du herkommst.«

Mit einem Mal erstarrte ich. Hier stand ich also inmitten eines Lavameers, vor mir ein Drache und ein Kind und plötzlich war es voll da. Ich wusste wieder, wer ich bin, wofür ich stehe, wo ich herkomme. Mein Wertekompass war voll aufgeladen, wenn ihr versteht, wie ich meine. Mit einer Träne der Rührung im Knopfloch sprach ich die folgenden Worte: »Sahra, du hast mir die Augen geöffnet. Ohne dich wäre ich nur eine verlorene Seele auf der Suche nach mir selbst. Der Ruhm hat mich verdorben, mir ging es nur noch um den Fame, das Geld und den schnellen Spaß. Ich war eine Marionette und die Plattenbosse machten sich mit meinen Songs die Taschen voll. Und an diesem Abend im Olympiastadion stand ich im Endeffekt alleine da. Doch du hast mich daran erinnert, was wirklich wichtig ist. Und jetzt hau ab in deine Scheißdimension, sonst gibt es hier mal richtig Ärger.« Ich entsicherte meine Waffe, aber da war sie schon von dannen gezogen. Schnaubend und feuerspuckend entfernte sich der Drache am Horizont und mit ihm der kleine Junge, den ich in der brennend heißen Lobby so lieb gewonnen hatte.

Was will ich euch damit sagen? Kinder sind unsere Zukunft, das dürfen wir niemals vergessen. Dem kleinen Mädchen hatte ich eine Lektion erteilt, von der es noch viele Jahre zehren würde. Und auch wenn es mit seinem feuerspeienden Drachen zurück in seine angestammte Dimension gekehrt ist, bin ich sicher, dass die lokalen Anrainer von dem hinzugewonnenen Wissen auf die eine oder andere Weise profitieren. Man darf bei so was nicht immer nur sich selbst sehen, sondern muss auch an die anderen denken. Wir sind nicht allein – nicht auf dieser Welt und nicht im Universum, das ja verschiedene Dimensionen umfasst.

Aber warum in die Ferne schweifen? Die schönsten Momente, die besten Erinnerungen tragen wir in uns selbst. Sie sind ein Teil von uns und werden es immer bleiben. Der kleinen Sahra habe ich beigebracht, dass man sich das innere Kind bewahren muss. Nur wer sich ändert, bleibt sich treu. Aber nur wer weiß, wo er herkommt, weiß auch, wohin er geht. Wenn der Wind des Wandels weht, bauen die einen Schutzmauern, die anderen Windmühlen. Die Zeit verwandelt uns nicht, sie entfaltet uns nur. Wer ständig glücklich sein möchte, muss sich oft verändern. *And you need to be the change that you want to see in this world.*

DIE LIEBE MASCHINE

Oder wie ich einmal durch die Zeit reiste

Ich habe überhaupt nichts gegen Ausländer und fremde Kulturen, im Gegenteil, aber auch sie müssen sich am Ende des Tages in unsere Wertegemeinschaft integrieren. Doch Kulturen unterscheiden sich nicht nur im Raum, sondern ebenso in der Zeit. Sie sind wandelbar. Deswegen ist Integration keine Einbahnstraße, mit den Menschen ändern sich auch die Gepflogenheiten. An welchem Ort man sich befindet, ist – philosophisch gesprochen – also nicht nur eine räumliche, sondern genauso eine zeitliche Frage.

Eines schönen Tages spazierte ich, der Mann Panik Panzer, auf meiner alltäglichen Kontrollrunde an einem Reisebüro in meinem Stadtviertel vorbei. »Inder Tours« – so prangte ein bunt leuchtender Schriftzug über dem Eingang. Innen herrschte ein reges Treiben. Neugierig trat ich ein. »*Buongiorno, Señorita*!«, grüßte ich weltgewandt einen kleinen Mann, der auf einem seidenen Kissen sitzend Reis aus einer goldenen Schale aß. »Mein Name ist Hans Augustin. Ich bin der Erfinder von Inder Tours und ich heiße Sie herzlich willkommen in unserem bescheidenen Etablissement. Fühlen Sie sich wie zu Hause. Sehen Sie sich um! Wenn ich Ihnen irgendwie weiterhelfen kann, dann lassen Sie es mich wissen. Denn bei Inder Tours ist der Kunde König«, begrüßte mich mein neuer Freund in akzentfreiem Deutsch.

Für zuvorkommenden Service und eine sehr gute Kundenbetreuung bin ich immer zu haben. Und so nickte ich dem Erfinder kurz zu, um ihm zu zeigen, dass ich verstanden hatte. Dabei gab ich mir Mühe, seine Freundlichkeit nicht zu stark zu erwidern. In solchen Situationen muss man misstrauisch bleiben und darf sich auf keinen Fall übers Ohr hauen lassen, um im Falle einer körperlichen Auseinandersetzung den Vorteil auf seiner Seite zu haben.

Ich war beeindruckt, denn dieser unscheinbare Laden hatte Potenzial. Das Potenzial, dass dieser unscheinbare Laden hatte, wollte ich für meine Zwecke nutzen. Wie sich im Inneren herausstellte, waren die Geschäftsräume an ein Tunnelsystem angeschlossen, in dem man sich schnell verirrte. Glücklicherweise verfüge ich über einen ausgezeichneten Orientierungssinn, weshalb derart verschachtelte Wegführungen für mich gar kein Problem darstellen. Ich streunte durch die verwinkelten Gassen des sonderbaren Geschäfts und verbrachte einige Stunden mit Stöbern, Kramen und meiner Lieblingsbeschäftigung: dem Preisvergleich. Der freundliche Inder verfolgte mich dabei die gesamte Zeit über mit einem Höflichkeitsabstand von etwa 20 Metern und stellte argwöhnisch dreinblickend sicher, dass ich keinen Diebstahl beging.

»Suchen Sie etwas Bestimmtes?«, fragte er mich schließlich deutlich unfreundlicher, als ich es von seiner Begrüßung her kannte. »Halt dein verdammtes Scheißmaul«, dachte ich, doch da der Kerl mir noch nützlich werden konnte, setzte ich mein freundlichstes Gesicht auf. »Ich bin auf der Suche nach einer Zeitmaschine«, witzelte ich heiter und kam mir urkomisch vor, denn Inder Tours wirkte wie ein märchenhafter Ort aus Tausendundeiner Nacht. Der zierliche Inder, er brachte wohl kaum 50 Kilo auf die Waage, zwirbelte nun an seinem Schnurrbart und seine Mimik wandelte sich in eine schwer interpretierbare Grimasse. Lachte das Männlein etwa über meinen gelungenen Scherz?

Schwefelgeruch stieg meine Nüstern empor. »ICH BIN ERFINDER!!!«, platzte es aus ihm heraus. »Ach was, das erfinden Sie doch!«, scherzte ich weiter. »Jeder Mensch ist ein Erfinder. Joseph Beuys für Akademiker, alles klaro, hahaha! Genau mein Humor!!« Ich bemerkte den Rohrstock, den er schon seit einiger Zeit drohend in den Händen hielt. »Wenn Sie mir nicht glauben, bringe ich Sie um«, sagte er zuvorkommend. Eine wilde Rauferei entbrannte, an deren Ende wir uns auf ein Unentschieden einigten. Ich ließ es mir allerdings nicht nehmen, ihn darauf hinzuweisen, dass er mich – entgegen seiner Ankündigung – nicht umgebracht hatte. Das war logisch, denn sonst hätte ich ihn ja nicht mehr darauf hinweisen können. Denn wenn man gestorben ist, kann man zumindest das irdische Leben nicht mehr beeinflussen. Das ist normal und die Zeit lässt sich, so dachte ich zumindest damals noch, nicht zurückdrehen.

»Du bist ein tapferer Mann, Panik Panzer«, lobte mich der Inder. »Und auch dein Scharfsinn beeindruckt mich. Gleichzeitig scheinst du trotz deines großen Erfolges auf dem Boden geblieben zu sein und trägst dein Herz am rechten Fleck. Du bist zudem sehr gut aussehend und offenbar ein großzügiger Mensch mit einem guten Humor. Ich möchte dir deshalb ein Geschenk machen.«

Er entzündete eine Brandfackel und wir machten uns auf den Weg durch die immer enger zulaufenden Schächte des Reisebüros, während wir uns angeregt über die Fußballweltmeisterschaft unterhielten, die nächstes Jahr in Bangladesch ausgetragen werden würde. »Michael Ballack heißt ja nicht umsonst Michael Ballack, sondern weil er eben einen verdammt guten Ball spielt«, fachsimpelte der Fußball-Inder. »Tja und zu Philipp Lahm braucht man ja wohl nichts mehr sagen«, prusteten wir einstimmig und gaben uns den Männer-Check. Niemand von uns hätte damals gedacht, dass wir heute, 40 Jahre später, nach unzähligen Irrungen und Wirrungen, Abenteuern, Hits, Pleiten, Pech und Pannen immer noch zusammen unterwegs sind.

Wie stellt ihr euch eigentlich eine Zeitmaschine vor? Denkt ihr etwa an einen riesigen blinkenden Apparat mit Rohren und einem Propeller? Oder eher an eine Fernbedienung ähnlich dem Instrument, das die legendären Men in Black um einen meiner Lieblingsrapper Will Smith verwenden, um das Gedächtnis bestimmter Hurensöhne zu löschen? Alles falsch! Was das Produktdesign angeht, haftet Zeitmaschinen ein futuristischer Ruf an. Selbst die erfolgreiche Netflix-Serie *Dark* kam in ihrer hanebüchenen Darstellung ihrer Zeitmaschine nicht um die platten und ausgelutschten Klischees und den eindimensionalen *common sense* der Mehrheitsgesellschaft herum. Mehr als einmal habe ich mich gefragt, ob dahinter das nackte Interesse an einem marktgängigen Produkt steckt, das anschlussfähig an die Denkweisen der Mehrheitsgesellschaft ist, oder ob schlicht die Kleingeistigkeit der Drehbuchautoren schuld ist. Was erlauben sich diese Stümper eigentlich? Wer soll so was gucken? Ich hoffe, ihr bekommt eure gerechte Strafe!

Die Zeitmaschine, die der Inder erfunden hatte, zu beschreiben fällt mir nicht leicht, wissen die meisten Leser dieses Buches doch gerade mal zwischen den Aggregatzuständen fest, flüssig und gasförmig zu unterscheiden. Subtile Zwischentöne dieser Zustände wie etwa Qualm, Pudding oder Bakterien sind für das ungeschulte menschliche Auge meistens nicht erkennbar. Die Zeitmaschine sah aus wie eine Rakete. »Da staunst du, was?«, sagte mein ältester Freund sichtlich stolz über seine unglaubliche Entwicklung. »Allein die Skizzen dieser Maschine anzufertigen hat mich viele Jahre gekostet.«

»Ja, toll, ganz prima. Aber was soll ich jetzt damit?«, blaffte ich den Tattergreis an. »Du bist der Auserwählte«, entgegnete er bedeutungsschwanger, allerdings nahm ich ihn nicht ernst. »Das

Schicksal der Menschheit liegt von nun an in deiner Hand, Panik Panzer. Nutze deine Intuition«, mahnte er noch und zerfiel zu einem Häufchen Salz, das im Nu über dem knöchernen Boden des Tunnelsystems verwehte.

Unbeholfen fummelte ich an den Schaltknüppeln und Knöpfen der Maschine, deren Funktionen sich mir nicht erschlossen, da sie in Sanskrit beschriftet waren. Ich war frustriert. Und Panik Panzer war schon immer am schwächsten und verletzlichsten, wenn er Frustration verspürte. Ich öffnete eine Tüte voller Köstlichkeiten: Nüsse, Plätzchen, Mandarinen und Schokolinsen. Kaugummis waren auch dabei. Anders als die übrigen Süßigkeiten sollte man Kaugummis besser nicht schlucken, da sie im Magen schwerwiegende Verklebungen hervorrufen können, denen im schlimmsten Fall nur chirurgisch beizukommen ist.

»Rums!« Mit einmal ging ein Ruck durch die Maschine, die zahlreichen Knöpfe fingen an zu blinken und ein sirrender Laut erfüllte die Luft, dicht gefolgt von einer Reihe kleinerer Explosionen. »Hallo, Panik Panzer«, hörte ich eine blecherne Roboterstimme, »ich bin die Zeitmaschine von Inder Tours. Herzlich willkommen auf deiner Reise durch die Zeit! Gibt es irgendetwas, mit dem ich dir weiterhelfen könnte?« Starr vor Schreck, aber auch wütend über die komischen Geräusche fuhr ich aus der Haut. »Was denkst du eigentlich, mit wem du es hier zu tun hast? Ich bin Dr. Lutz Rademacher!« Ich war selbst erstaunt über das, was ich da gerade gesagt hatte, und merkte, dass ich den Verstand verlor und keine Kontrolle mehr über das hatte, was ich von mir gab. Ich sagte: »Bring mich in die Zukunft, du liebe Maschine!«

Es begann ein Trip durch Raum und Zeit. Angekommen in der Zukunft verließ ich die Kapsel. Die Rakete war ungelenk auf der Lichtung eines Dschungels gelandet. Freudig erregt sah ich mich um. Das Szenario erinnerte mich an den Flugzeugabsturz, den ich als Kind erlebt hatte. Schöne Erinnerungen an die dicke Engländerin erhellten mein Gemüt. Aus dem Unterholz des Dschungels trat plötzlich eine riesenhafte Echse auf die Lichtung. »Was willst du hier? Wir sind in der Kreidezeit, da gab es noch keine Menschen«, meckerte der Saurier. »Du hältst dich wohl für besonders schlau«, erwiderte ich zickig. Ich würde mir, so viel war klar, von dem Scheißviech nicht die Butter vom Brot nehmen lassen. Ich war bereit für Einzelkampf. Die Augen des Stegosaurus verengten sich zu Schlitzen und angriffslustig schleuderte er seinen prächtigen Schwanz durch die Lüfte. »Du dummes Arschloch, ich werde dich …«, doch weiter kam er nicht, denn von oben ergriffen ihn zwei mächtige Kiefer. Ein Tyrannosaurus Rex, der König der Dinosaurier, hatte in die aufkeimende Auseinandersetzung eingegriffen und sich den Unhold geschnappt. Nun schickte er sich an, den Mann Panik Panzer in seinen Nachtisch zu verwandeln. Ich kann heute nur von Glück reden, dass ausgerechnet in diesem Moment ein riesiger Komet auf dem Erdball einschlug. Sichtlich irritiert fuhr der T-Rex herum, sodass es mir gelang, unbemerkt von der Echse die Zeitmaschine in Gang zu setzen, um in eine neue Epoche zu reisen. »Bring mich in die Zukunft, du liebe Maschine!«, rief ich. »Okay, Panik Panzer, wird gemacht.« Und während unter mir die Dinosaurier ausstarben – ein wunderschönes, aber auch trauriges Spektakel, das ich in einem kleiner werdenden Panorama von oben verfolgte –, traten wir eine neue Zeitreise an.

Als sich die Tür der Maschine erneut öffnete, fiel ein helles Licht durch die Öffnung in den Schaltraum. Die Sonne hatte ihren höchsten Punkt erreicht und schien direkt auf das Ortsschild Bethlehems. Es war der 24. Dezember des Jahres 0. Getauft, kommuniziert und gefirmt war ich bibelfest genug, um genau zu wissen, was zu tun war. Die Krippe, die Hirten, Maria, Joseph und das kleine Jesuskind wollte ich mir auf keinen Fall entgehen lassen, hatte ich doch als kleiner Junge Jahr für Jahr die imposante Weihnachtskrippe der Pfarrkirche studiert, bevor mein Bruder sie zerstört hatte. Ich sprang auf ein in der Nähe angebundenes Kamel und zwang es, mich zur Geburtsstätte des Heilands zu tragen. »Schneller, du verdammtes Rindvieh«, gab ich dem Esel die Sporen. »Wir haben hier nicht den ganzen Tag Zeit.« Im Nu gelangten wir zur Krippe. »Grüßt euch, ihr Lieben«, rief ich der Heiligen Familie zu. »Ich bin Panik Panzer und das Schicksal der Menschen liegt in meiner Hand.«

»Hallo, mein Lieber«, lachte das Jesuskind freundlich. Gemeinsam verbrachten wir ein paar angenehme Stunden und plauderten über Gott und die Welt. »So, meine Lieben, jetzt muss ich aber los. Ich befinde mich nämlich auf einer Zeitreise. Aber bevor ich gehe, möchte ich dir einen guten Rat geben. *Watch your back*, kleiner Junge. Es wird Paulus sein, der eines Tages Verrat an dir übt und dich so dem sicheren Tod am Kreuze zuführen wird.« – »Das weiß ich doch längst«, antwortete das Kind vorlaut, »schließlich bin ich der Sohn Gottes.« – »Wer du bist, interessiert mich nicht«, fuhr ich auf. Doch bevor sich das nun entstehende Handgemenge zu einer zünftigen Schlägerei ausweiten konnte, riss ich mich los und sprintete zur Zeitmaschine, die schon ungeduldig blinkte und brummte. »Los, du liebe Maschine, bring mich in die Zukunft!«, rief ich und das Spiel begann von vorn.

Nach einer längeren Reise durch Raum und Zeit ging die Maschine diesmal im Mittelalter nieder. Das Mittelalter war, um es mit einer meiner liebsten Songwriterinnen, Judith Holofernes, zu sagen, eine »geile Zeit«. Wenn ich mir eine Lieblingsepoche aussuchen müsste, was ich nicht muss, dann wäre es ganz sicher das Mittelalter. »Warum das Mittelalter?«, fragt ihr euch nun sicher. Nun, das möchte ich euch sagen: Was ich hier vorfand, überzeugte mich zu 100 Prozent. Im Mittelalter gibt es alles, was das Herz begehrt. Zustände wie die damaligen findet man heute nur noch auf dem Mittelaltermarkt.

Das Mittelalter war ein hedonistisches Zeitalter. Im Gegensatz zu den Zurichtungen und Zwängen, denen wir in der Gegenwart unterliegen, verlief das Alltagsleben im Einklang mit der Natur. Menschen fraßen nicht nur Pflanzen und Tiere, sondern aßen sich bei Bedarf einfach gegenseitig oder selbst. Das sollten Sie sich heute mal trauen! Da stehen Sie mit einem Bein im Knast, das kann ich Ihnen schriftlich geben! Egal. Damals ging das. Viele Könige lösten ihre Streitigkeiten, indem sie ihre Kontrahenten bei lebendigem Leibe auffraßen. Auch die Musik war sehr gut. Dass einige meiner liebsten Musikgruppen wie Feuerschwanz, Fersengold oder In Extremo ihren Broterwerb noch heute mit Tunes aus den *good old days* bestreiten, dürfte als Erklärung ausreichen.

Was glauben Sie, wurde im Mittelalter gegessen? Ganz einfach: Hähnchenkeulen, Weintrauben, Käse und Wurst, Brot, Salz, Gewürze aus fernen Ländern, Kirschen, Tollkirschen, Sauerkirschen, Getreide, Koteletts, Brat- und Brühwürste, Schmalz, Bauchspeck, Eisbein mit Sauerkraut, Birnen, Datteln. Das war's. Getrunken wurde außerdem Ziegenmilch, Sprite, Bier, Radler, Blut, Wasser, Korn, Bier, Schnaps und Wein, vergorener Wein, Weißwein, Rotwein, Reiswein, Rosé, Jägermeister und eine mittelalterliche Vorform von Alkopops für die Kleinen.

Weil es mir dort so gut gefiel, verweilte ich im Mittelalter über einen Zeitraum mehrerer Monate. Als Schlachtenbummler besuchte ich eine Reihe von Auseinandersetzungen zwischen verschiedenen Heeren und schlug mir, entsprechend dem Panik-Panzer-Prinzip, auf den nachfolgenden Festbanketten den Bauch mit gegrilltem Fasanenfleisch und grüner Götterspeise ohne Gelatine voll. Doch auch die schönste Zeit muss irgendwann zu Ende gehen und eines Tages hieß es Abschied nehmen. Ich erbat eine

Audienz beim König, um ihn zu seinem Bedauern über meine baldige Abreise in Kenntnis zu setzen. »Für mich bist du in der kurzen Zeit wie ein Sohn geworden«, weinte der Mann bitterlich. Aber es gab kein Zurück, denn die Zukunft erwartete mich schon.

»Los, du liebe Maschine, bring mich in die Zukunft!«, flüsterte ich der Rakete ins Ohr und mit einem Satz krümmte sich erneut das Raum-Zeit-Kontinuum und schickte den Mann Panik Panzer direkt in die New Yorker Bronx der frühen 70er-Jahre. Sicherlich schießt Ihnen, liebe Leserinnen und Leser, direkt ein Bild in den Kopf. Sie sehen ausgebrannte Autos, Schlaghosen, besprühte Schienenfahrzeuge, Feuer und auch erschütternde Gewalthandlungen durch junge Kriminelle. Aber ich muss Sie leider enttäuschen, denn dieses Ghetto-Klischee ist falsch.

Die erste Person, die mir in der Bronx über den Weg lief, war einer der beiden Hamburger Hip-Hop-Journalisten, der sich mit einem Stift bewaffnet eifrig Notizen machte und seine Beobachtungen niederschrieb. »Ich bin hier einer ganz großen Sache auf der Spur«, rief er mir aufgeregt zu und wurde dabei fast von einem großen gelben Schulbus überfahren. Zum Glück ist das nicht passiert.

Aus einem Hinterhof in der Sedgwick Avenue hörte ich plötzlich Musik. Kool DJ Herc feierte den Geburtstag seiner kleinen Schwester und erfand Hip-Hop. Ich dankte dem verdatterten DJ für seinen historischen Beitrag, den er – zu diesem Zeitpunkt – jedoch noch nicht richtig einzuschätzen verstand. »*Thank you, Mr. Herc*!« – »Was willst du kleiner Nuttenbengel von mir?«, antwortete der DJ barsch und schlug mit einem Regenschirm nach mir. Da ich Schlimmeres vermeiden wollte, ließ ich ihn am Leben und verschwand gut gelaunt in die Nacht.

Was will ich euch damit sagen? Ihr dürft nie vergessen, wo ihr herkommt. *We are standing on the shoulders of giants*, wie die Stones einmal sagten. Und diese *giants* stehen ebenfalls auf den Schultern von *giants*. Das geht immer so weiter, wie bei einer Mamuschka. Ich hatte das große Glück, Weltgeschichte hautnah erleben zu dürfen. Doch auch ohne dieses Privileg wäre ich heute in der Lage, demütig vor dem historischen Erbe meiner Generation zu stehen.

Wir leben in einer Zeit der Übergänge. Als Vorboten der großen Transformation sind mir der Fall der Berliner Mauer, aber auch die schrecklichen Attentate des 11. Septembers 2001 in imposanter Erinnerung geblieben. Mit der Digitalisierung und dem Klimawandel werfen weitere große Ereignisse ihre Schatten voraus, die die Menschheit vor ungeahnte Problem stellen.

Problemen kann man auf zwei Arten begegnen. Man kann sie als Zumutung empfinden, sich über sie beklagen und sich selbst bedauern. Man kann sie aber auch einfach ignorieren. Ich, Panik Panzer, sehe Problem hingegen als Chance. Wenn das Leben dir Zitronen schenkt, dann mach was draus. Fanta mit Orangengeschmack hätte als Fanta-Sorte sicherlich ausgereicht, aber irgendwo müssen die ganzen Zitronen ja hin, wenn ihr versteht, was ich meine. Seien wir realistisch, versuchen wir das Unmögliche!

GESIEBTE LUFT

Warum ich mal im Knast saß

Wisst ihr eigentlich, was einen echten Mann ausmacht? Sind es seine starken Muskeln? Sein Bart? Oder sein stechender Schweißgeruch? Ist es sein Auto der Marke Mercedes oder BMW, das einen Mann von Frauen und Kindern, aber auch von Tieren, Bakterien und Viren unterscheidet? Alles richtig! Aber diese Dinge allein genügen nicht. Ein kompletter Mann, und das sage ich frei von Ironie, muss zumindest einmal in seinem Leben gesiebte Luft geatmet haben. Wenn ich frei von Ironie sage, dass ein kompletter Mann zumindest einmal in seinem Leben gesiebte Luft geatmet haben muss, dann meine ich das metaphorisch. Streng genommen würde es nämlich nicht ausreichen, dass sich der Mann einfach ein Sieb vor Mund oder Nase hält, durch das er oder sie dann atmet. Die Bedeutung des Satzes erschließt sich vielmehr im übertragenen Sinn.

Jetzt fragt ihr euch: »Ja was siebt denn bloß die Luft, wenn es denn kein Sieb ist?« Nun, ich könnte es euch natürlich verraten, aber das wäre zu einfach. Strengt euer Gehirn an! Oder benutzt ihr eure Köpfe nur als Hutständer? Ich habe keinen Bock, mit euch Arschlöchern hier rumzuhängen. Denkt gefälligst selbstständig nach. Ich bin nicht euer Lehrer. Aber ich bin auch nicht eure Mutter. Dieses Buch kann euer Leben bereichern, allerdings nur, wenn ihr gewillt seid, an euch zu arbeiten. Man kann die Pferde zur Tränke führen, aber trinken müssen sie selbst. Das habe ich schon an anderer Stelle geschrieben und ich schreibe es jetzt noch mal. Bitte markiert euch diesen Satz mit einem Bleistift oder mit einem Textmarker. Solltet ihr dieses Buch auf einem Kindle lesen, nutzt bitte die Markierfunktion.

Gesiebte Luft atmen ist ein anderer Ausdruck für Urlaub hinter schwedischen Gardinen machen. Gehe in das Gefängnis. Begib dich direkt dorthin. Gehe nicht über Los und ziehe nicht 4000 Mark ein. Wie es dazu kam, dass ich in den Knast musste, kann ich an dieser Stelle nicht genauer ausführen. Wenn ihr die vorangegangenen Kapitel aufmerksam gelesen habt, könnt ihr es euch sicher denken.

Am Abend vor dem Haftantritt saß ich mit einem Glas Cognac vor meinem Kamin. Auf einem Bärenfell spielte im flackernden Licht mein Sohn, Panik Panzer, nackt wie Gott ihn schuf, mit einer Barbiepuppe. »Panik Panzer, leg das weg, das ist für Mädchen«, maßregelte ich den Bastard. Wie Sie mittlerweile mitbekommen haben dürften, bin ich – um es salopp zu formulieren – nicht »von gestern«. Das können Sie mir glauben! In Sachen Kindererziehung, liebe Leserinnen und Leser, bleibe ich jedoch konservativ. Die 68er haben der Gesellschaft viel Gutes gebracht. Aber man muss auch nicht jeden Scheiß mitmachen.

Szenenwechsel: »Panik Panzer, ich verurteile dich zu lebenslänglicher Haft.« Um seinen Worten Nachdruck zu verleihen, schlug der Richter mit seinem Hammer aufs Richterpult. »Nun schafft mir diesen Meuchelmörder vom Hals. Er soll in den tiefsten Kerker geworfen werden und dort bei Wasser und Brot sitzen bis an sein Lebensende. Er kann von Glück reden, dass es die Todesstrafe nicht gibt, ich hätte sie gern verhängt – das sage ich ganz offen und ohne Scham, denn ich bin gnadenlos und ein dummes Arschloch.« – »Ja, Euer Ehren«, antworteten die

Gerichtsdiener wie aus der Pistole geschossen. Schon packten mich starke Arme und stießen mich die Treppe herunter in den Keller des Gerichtsgebäudes.

Die folgenden Tage waren für mich eher unangenehm, ich wurde gefoltert und geschlagen. Man stellte mich auf dem Marktplatz in einem Käfig aus und die Bevölkerung bewarf mich mit Unrat und faulen Eiern. Einige von Ihnen, liebe Leserinnen und Leser, mögen das anzweifeln, was ich hier berichte. Doch ich schwöre, dass sich alles genau so zugetragen hat. Die Bundesrepublik Deutschland, die sich zumindest auf ihrer Fassadenseite gern mit den Insignien des sozialen Rechtsstaats schmückt, praktiziert Folter. Und das ist im Sinne der freiheitlich-demokratischen Grundordnung auch richtig und wichtig, denn bei manchen Straftätern darf man nicht zimperlich sein. Und ich habe jetzt ehrlich gesagt keine Lust, das mit Ihnen zu diskutieren. Laufen Sie mal ein paar Meter in meinen Schuhen, dann können wir weiterreden.

Zur Sache: Wer von euch war schon mal im Knast? Wetten, ihr habt keine Ahnung? Der Knast ist hart. Aber darum geht es nicht. Du musst hart sein im Knast. Du musst zeigen, was du draufhast. Ansonsten gehst du unter. Ich will euch eine Geschichte erzählen. Es war zu Beginn meiner Haftzeit. Von dem Gerichtsgebäude war ich in einem alten Gefangenentransporter ähnlich einem Twingo in die Haftanstalt gebracht worden, in der ich den Großteil meiner Strafe absitzen sollte. Das Gefängnis war in Bayern, genauer in der Operpfalz angesiedelt. Dort waren Straftäter aus dem gesamten Bundesgebiet untergebracht. Mörder, Diebe, aber auch Gauner, Erpresser, Gaukler, Unschuldige, Zuhälter, Räuber, Banditen, Enkeltrickbetrüger und Meuchelmörder saßen da ein. Es gab ebenso Umweltverschmutzer und Autoschieber, Steuerhinterzieher, Betreiber eines illegalen Prositutionsrings und Cyber-Kriminelle.

»Hey, Panik Panzer, ich habe schon viel von dir gehört«, sagte einer der Schließer. »Ich bin Rolf und ich arbeite hier als Sicherheitsmann. Das bedeutet, dass ich deine Tür auf- und zuschließe. Ich bin nicht korrupt, also versuch es gar nicht erst, Freundchen. Halt schön den Ball flach, dann haben wir keine Probleme.« Seine Augen verengten sich zu Schlitzen, als er mir die Hand zur Begrüßung hinstreckte. Ich ergriff sie freudig und schüttelte sie. »Hallo Rolf, wie schön, dich kennenzulernen. Du scheinst mir ein patenter Kerl zu sein und ich freue mich sehr, heute deine Bekanntschaft zu machen.« Rolf wandte sich zum Gehen. »Ach eins noch, Panik Panzer – du bist hier bereits Gesprächsthema. Einer der Pädos hat es auf dich abgesehen. Nimm dich vor Günther in Acht. Er hat vielen Menschen das Leben genommen – auch hier im Knast. Du könntest der Nächste sein.«

Nun werden einige von Ihnen sich fragen, ob ich denn keine Angst hatte. Darüber kann ich nur müde lächeln. Ich bin zeit meines Lebens Ziel von Anfeindungen verschiedenster Art gewesen. Mordversuche, Körperverletzungen, Verleumdung, das volle Programm. Ich sage Ihnen jetzt mal eine Sache: Wer angegriffen wird, der strahlt auch aus, angreifbar zu sein. Mit anderen Worten: Ob man Täter oder Opfer ist, entscheidet man selbst. Ich selbst war nie ein Opfer.

Rolf sollte recht behalten: Günther, der Pädophile, ließ nicht lange auf sich warten. Bei der ersten Essenausgabe im Speisesaal stand er plötzlich hinter mir und hauchte mir ins Ohr »Kippen her, du Lappen. Sonst ist hier gleich was los. Dann kehrt hier der eiserne Besen.« In solchen Situationen muss man vorbereitet sein, also hatte ich mich vorbereitet. In der Tasche meiner Armani-Cordjacke steckte gut sichtbar eine orangefarbene Stange Zigaretten der Marke Ernte 23. »Du möchtest wohl meine Ziesen haben, was?«, erwiderte ich frech. »Da hast du verdammt noch mal recht, das sage ich, so wahr ich Pädo-Günther heiße. Und jetzt: Kippen her!«

Das Arschloch sprach mit norddeutschem Akzent. Mit seinen riesigen Pranken fuchtelte er wild in der Luft herum, als wollte er eine Fliege oder Wespe verscheuchen. Er trug einen Anglerhut und einen gelben Ölmantel und stank nach Bier – ich tippte auf Augustiner Hell. Als Pädophiler genoss er im Knast einen besonderen Status mit allen erdenklichen Vorzügen und Sonderrechten, um sich gegen die nicht pädophilen Insassen wehren zu können. Er hatte freien Ausgang und kam eigentlich nur zum Essen und Schlafen in die Haftanstalt. Außerdem besaß er als einziger Insasse einen eigenen Discman, mit dem er ständig seine Pädophilen-Musik abspielte. Er war ein dummes Arschloch und das wusste er auch.

In solchen Situationen gibt es – wie immer – zwei Möglichkeiten. Man kann sich wehren und man kann Zeit gewinnen. In diesem Fall entschloss ich mich richtigerweise für die zweite Variante, indem ich mich auf den Boden fallen ließ, mir das Knie hielt und laut zu schreien begann. »Ich wurde getreten! Es war der Pädophile, das dumme Schwein!« Sofort strömten von allen Seiten Justizvollzugsbeamte und Insassen herbei, die nur auf einen Fehler von Pädo-Günther gewartet hatten und den unförmigen Dummkopf nun gemeinsam zu Brei schlugen. Meine Schnabelschuhe der Marke Louboutin waren besprenkelt vom Blut der Pädo-Bestie. »Leg dich niemals mit dem Mann Panik Panzer an, denn es kann dich dein Leben kosten«, riet ich dem Halbtotgeschlagenen schließlich noch.

Die folgenden Tage und Wochen vergingen wie im Fluge. Ich lernte viele interessante Leute kennen und schloss Freundschaften, von denen einige bis heute andauern. Viel Zeit verbrachte ich in der Gefängnis-Sauna mit der Lektüre deutsch- und englischsprachiger Weltliteratur – ich las Thomas Mann, Benjamin von Stuckrad-Barre, Hegel, aber auch den heiligen Koran, die Thora, die Bibel, den Quelle-Katalog und das IT-Einführungsbuch *PHP 4 für Dummies* – bis heute einer meiner absoluten Lieblingsschmöker. Es ist sehr technisch und die meisten von euch würden es nicht verstehen, aber mir hat es gefallen. Die Beispiele sind anschaulich und aus dem Leben gegriffen, einfach ein Buch für Menschen wie dich und mich.

Die schönste Zeit im Gefängnis ist bekanntlich die Weihnachtszeit. Das wird jeder bestätigen, der einmal am Heiligen Abend im Knast gesessen hat. Viele Straftaten in der Zeit von Oktober bis Dezember gehen darauf zurück, dass Leute die Feiertage gern dort verbringen möchten. Sie töten andere Menschen oder nehmen ihnen etwas weg, um ein Teil der weihnachtlichen Knast-Gemeinschaft zu sein. Und das mit Recht, denn der Knast ist um die Weihnachtstage hübsch dekoriert. Weihnachtliche Lieder erschallen auf den Gängen und in den Zellen und Gemeinschaftsräumen duftet es nach Zimt und Bienenwachs. Die Insassen basteln kleine Geschenke für ihre Familien oder programmieren virtuelle Weihnachtskarten auf ihren Laptops.

Wenn ich in meinem Leben eine, nur eine Sache gelernt habe, dann die, dass der Schein oft trügt. Es ist nicht alles Gold, was glänzt. Und eine Schwalbe macht noch keinen Sommer. Der Vibe im Gefängnis war *mellow* und gechillt. Doch tief in meinem Inneren spürte ich, dass es unter der Oberfläche brodelte. Die verräterische Ruhe würde sich bald in einem tosenden Orkan entladen, wenn ihr versteht, was ich meine.

Pädo-Günther war für seine Vergehen in Isolationshaft gesperrt worden. Weil ich mich sehr gut mit den Gepflogenheiten des deutschen Justizsystems auskenne, wusste ich jedoch genau, dass diese Haft nicht ewig dauern würde. Sogar lebenslängliche Strafen werden in Deutschland mit einer Maximallänge von 15 Jahren verhängt. Außerdem konnte ich schon immer sehr gut zählen, addieren und subtrahieren. Ich will mich hier nicht unnötig in den Vordergrund spielen, denn das wäre vermessen und arrogant. Aber ich bin ein Matheass. Den Einmaleinsführerschein habe ich als Erster in meiner Familie bekommen – ein Umstand, mit dem ich mir hinter Gittern nicht nur Freunde gemacht habe. Aber dazu später mehr.

»Panik Panzer, so kreuzen sich unsere Wege wieder«, gluckste mir Pädo-Günther am zweiten Weihnachtstag auf dem festlich dekorierten Knastgang zu. »Mit dir habe ich noch eine Rechnung offen.« – »Und was soll das für eine Rechnung sein? Du kannst doch überhaupt nicht rechnen, du alte Hohlbirne. Ich hingegen bin ein wirklich ausgezeichneter Rechner. Da draußen bin ich bekannt als Panik Panzer der Drittplatzierte der Mathe-Olympiade 2014.« Ich knuffte der Vogelscheuche freundschaftlich in die Seite und er legte mir anerkennend seine Hand auf die Schulter. »Bevor du hier irgendeine Rechnung begleichst, solltest du wissen, mit wem du es zu tun hast. Hast du verstanden?«

In seiner Zeit in der Isolationshaft war aus dem wurstigen Hünen ein knöcherner Schlendrian geworden, der kaum mehr bedrohlich wirkte. Doch auch der hässlichste Vogel ist in der Lage, seine Beute auf grausame Art und Weise zu erlegen. Denkt nur einmal daran, wie der Rackelhahn den Birkhahn mit seinen mächtigen Schwingen zerfetzt. Es ist kaum zu glauben, dass ein Vogel zu so einer grausamen Tat in der Lage ist.

Doch Pädo-Günther schien aus seinem Arrest gelernt zu haben. »Ja, verstanden. Lass uns das Kriegsbeil begraben und gemeinsam noch mal von vorn anfangen. Zum Zeichen meines Entgegenkommens und guten Willens möchte ich dir ein Geschenk machen. Hier ist mein Discman und ich habe dir auch extra eine

Audio-CD gebrannt. Bitte setz dir jetzt die Kopfhörer auf, schließe die Augen und höre sie dir genau an.«

Liebe Leserinnen und Leser, wahrscheinlich kennt ihr nicht die tödliche Frequenz. Die tödliche Frequenz ist eine Tonhöhe irgendwo im Bereich zwischen 0 und 0,5 Hertz. Doch fangen wir etwas höher an. Hört man eine Frequenz zwischen 10 und 18 Hertz, führt dies unweigerlich und direkt zum Ablassen von Stuhl. Hörerinnen und Hörer feuern sprichwörtlich aus allen Rohren. Passiert eine Frequenz zwischen 4 und 8 Hertz unsere Gehörgänge, tritt eine Behinderung der Atmung ein. Hörerinnen und Hörer japsen, schnappen nach Luft und bieten ganz allgemein ein Bild des Jammers. Frequenzen zwischen 3 und 4 Hertz verursachen Schmerzen am ganzen Körper und vor allen Dingen im Skelett. Ich kann auch nichts dafür, aber es ist sehr unangenehm. Nicht einmal, wenn man bei lebendigem Leibe brennend von einer Straßenbahn überfahren wird, erleidet man annähernd so starke Schmerzen. Das liegt auch daran, dass die Räder der Straßenbahn brennende Gliedmaßen abtrennen, die man dann nicht mehr spürt. Aber ich möchte mich hier nicht in Details verlieren, dafür ist keine Zeit.

Die beste Frequenz ist die zwischen 0,5 und 3 Hertz. In diesem Frequenzbereich passieren Dinge, die sonst nicht passieren. Hörerinnen und Hörer machen übersinnliche Erfahrungen. Begegnungen der dritten Art mit Außerirdischen und Märchenwesen sind dabei die Regel. Wer mir nicht glaubt, soll sich bitte kurz fragen, wieso er oder sie das Buch immer noch liest. Ich möchte an dieser Stelle noch mal in aller Deutlichkeit die Vertrauensfrage stellen. Entweder seid ihr für mich oder ihr seid gegen mich. Das müsst ihr selbst entscheiden.

Pädo-Günther hatte seine Wahl offensichtlich getroffen. Er hatte die tödliche Frequenz, die alles Leben sofort vernichtet, auf die gesamte Spiellänge einer Audio-CD gebrannt. Leider – zumindest aus seiner Sicht – hatte der Dummkopf mich unterschätzt, denn ich wusste die ganze Zeit, was – wie man so sagt – »gespielt wurde«. Dass ich in großer Gefahr war, war mir bewusst, da ich kurz zuvor berauscht von der besten Frequenz eine Wahrsagerin getroffen hatte, die mir meine Zukunft vorausgesagt hatte. Detailliert hatte sie mich von den Plänen Pädo-Günthers unterrichtet, mich mithilfe seiner gebrannten CD zu vernichten. Mit seiner ohnehin lebenslänglich ausgesprochenen Haftstrafe hatte der Mistkerl nichts mehr zu verlieren und mit dem Rücken zur Wand ist ein Mann am gefährlichsten. Ich verlor die Geduld, stopfte die Kopfhörer in die Gehörgänge des Unholds und drückte auf Play. Die Todesschreie des sich am Boden windenden Pädo-Günthers hallten durch die neonlichtdurchfluteten Gänge der Haftanstalt. Dann war er tot.

Ich weiß, dass viele Leserinnen und Leser sich nun wünschen, ich möge mich von dieser Gräueltat distanzieren. Doch das muss ich nicht, denn der Anstaltsdirektor versicherte mir noch am selben Tag, in Notwehr gehandelt zu haben. Die E-Mail-Korrespondenz habe ich extra aufgehoben und ich möchte sie zur Untermauerung meiner wahrheitsgemäßen Angaben im Folgenden zitieren:

Mein lieber Herr Panik Panzer,

hier schreibt Ihr Gefängnisdirektor. Ich wende mich an Sie mit einem Hinweis bezüglich des Todes Pädo-Günthers. Ich möchte Sie dringend bitten, diese E-Mail absolut vertraulich zu behandeln und niemals zu veröffentlichen. Das hier kann mich, unter uns gesagt, Kopf und Kragen kosten.

Wir alle sind froh, dass das miese pädophile Schwein endlich tot ist. In der Haftanstalt müssen wir zusammenhalten und Sie haben der Knastgemeinschaft heute einen wichtigen Dienst erwiesen.

Um Ihnen meinen Dank auszusprechen, entlasse ich Sie hiermit aus dem Gefängnis. Ab sofort sind Sie ein freier Mann.

Ich würde mich freuen, Sie zu einem späteren Zeitpunkt wieder in unserem schönen Gefängnis begrüßen zu dürfen, und verbleibe mit den besten Grüßen.

Hochachtungsvoll

Ihr Alois D.

Alois Dimpfelmoser

Leiter der Haftanstalt

Was will ich euch damit sagen? Es ist nicht wichtig, was andere Leute über euch denken. Als Gefängnisinsasse oder auch »Häftling« oder »Knacki« seid ihr schweren Stigmatisierungen ausgesetzt. Leute wollen euch kleinmachen, teilweise haten sie sogar. Das ist nicht weiter schlimm. Denn ihr Genörgel ist nur Schall und Rauch. Gegen einen mutigen Mann wie mich sind sie machtlos. Und das wissen sie auch. Natürlich hätte sich Pädo-Günther gefreut, wenn ich mir seine Kopfhörer ins Ohr gesteckt hätte, um kurz danach das Zeitliche zu segnen. Aber diesen Gefallen konnte ich ihm nicht tun. Ihr müsst immer mit mir rechnen. Denn ich bin wie ein Truck, wie ein Panzer, wenn ihr versteht, was ich meine. Sieger stehen da auf, wo Verlierer liegen bleiben. Pädo-Günther hatte gedacht, ich sei am Ende. Nun ja, am Ende war er es, der am Ende war.

WURST ODER KÄSE?

Warum ich einmal Fernfahrer war

Kennt ihr eigentlich die Band Truck Stop? In einem Studio in Maschen gleich bei der Autobahn fängt gleich hinter Hamburg der Wilde Wilde Westen an. Das weiß jeder, der die Cowboys von der Waterkant einmal singen gehört hat. Seit ihrer Gründung in den frühen 1970er-Jahren hat die kleine Country-Band die Herzen der deutschen Musikfans im Sturm erobert. Ich persönlich hege große Sympathie für die Cowboys von der Waterkant. Diese Vorliebe reicht zurück in eine Phase meines Lebens lange vor der Gründung meiner eigenen Band.

Ich habe es bislang vermieden, euch von dieser Episode zu berichten, denn sie ist mir sehr peinlich. Und doch habe ich mir geschworen, Zeugnis abzulegen von dem, was ist. So viel, liebe Fans, bin ich euch schuldig. Ich will die Wahrheit sagen. Die ganze Wahrheit. Aber auch nichts anderes als die Wahrheit. Die Wahrheit und das, was ich sagen werde, sollen sich idealerweise zu 100 Prozent überschneiden.

Entsprechende Coming-outs sind in der Rap-Szene nichts Ungewöhnliches. So offenbarte sich mein Kollege Sido schon zu einem relativ frühen Zeitpunkt seiner Karriere als Ostdeutscher. Da ihm das nicht geschadet hat, kann ich davon ausgehen, dass auch mir keine negativen Folgen aus meinem Bekenntnis erwachsen werden. Für den Fall, dass dem doch so sein sollte, behalte ich mir vor, die nun folgende Geschichte rückwirkend als unwahr zu kennzeichnen.

Nichts ist verwerflich an dem, was ich euch erzählen werde, denn jeder von uns hat irgendwelche Leichen im Keller. Das meine ich nicht nur im Wortsinn, sondern auch metaphorisch. Eine Leiche im Keller zu haben bedeutet nämlich nicht zwangsläufig, einen toten Körper in den unteren Stockwerken der eigenen Behausung aufzubewahren. Es kann ebenso sprichwörtlich gemeint sein. Was genau das heißt, schaut ihr bitte selbstständig nach, dieses Buch ist schließlich kein Lexikon und nicht der Duden. Es ist der Tatsachenbericht eines Abenteurers. Und dieser Abenteurer, das bin ich: Panik Panzer! Und jetzt haltet euer Maul und hört gefälligst zu, wenn ich mit euch rede!

Im Folgenden möchte ich kurz einige der Leichen vorstellen, die andere im Keller haben. Damit, dass ich über die Defizite anderer Menschen spreche, möchte ich es mir nicht zu einfach machen. Es liegt mir fern, von eigenen Verfehlungen abzulenken, indem ich auf die anderer Leute hinweise.

Aber die Oma des bekannten Internetstars sitzt beispielsweise in einem ostdeutschen Altenstift und erhält keinerlei Zuwendungen von den Streaming-Millionen ihres neureichen Enkels. Die Greisin befand sich in einem katastrophalen gesundheitlichen Zustand und litt unter einer Krebserkrankung, die zum Glück gutartig war und dank der modernen Medizin mithilfe einer minimalinvasiven Operation vollständig heilbar war. Lediglich ein mittelgroßer vierstelliger Betrag war nötig, um die freundliche alte Dame vor dem sicheren Tod zu bewahren. Aber war nicht bereit, diesen Betrag zu bezahlen. Er besucht seine Oma nie und liefert sie schutzlos dem schlecht gelaunten Pflegepersonal aus. Als ich das erste Mal von dieser Sauerei gehört habe, war mir sofort klar, dass ich der guten Frau helfen und die notwendige Operation vom hart erarbeiteten Geld bezahlen würde. Dank meiner ist sie heute gesund und glücklich.

████ von ████████ hat einen Autounfall mit mehreren Schwerverletzten verursacht. Die Opfer sitzen im Rollstuhl und leiden bis heute unter zahlreichen bleibenden Schäden. Um ihre Belange vor Gericht zu vertreten, hat ████ mehrere Hunderttausend Euro für Staranwälte ausgegeben. Ein Bruchteil dieser Summe hätte ausgereicht, um die medizinische Versorgung der Unfallopfer zu gewährleisten.

████████ ist pädophil und außerdem ein passionierter Tierquäler.

███████████ betreibt eine Charity-Website, über die sie Geld für Waisenkinder in der Dritten Welt sammelt. Anstatt das Geld seinem offiziellen Zweck zuzuführen, nutzt sie es, um ihren teuren Urlaub zu bezahlen.

██████ ist ein Meuchelmörder. Nun fragt ihr euch selbstverständlich, was einen Meuchelmord von einem normalen Mord unterscheidet? Ein Meuchelmord ist brutal, heimtückisch und hinterhältig, diese Mordart ist eine absolute Sauerei. Die Mordmotive von ██████ sind ausschließlich sadistischer Natur, denn er mordet nicht aus Habgier, sondern weil die pure Mordlust ihn leitet. Dieses niederträchtige Schwein liebt es, seine Opfer leiden zu sehen, es bereitet ihm sexuelle Lust. Das Schlimmste ist, dass jeder in der Musikindustrie über seine perversen Machenschaften Bescheid weiß. Da er in verschiedene Firmen investiert hat und jedem Rockmusiker in Deutschland von heute auf morgen den Geldhahn zudrehen könnte, wird sein satanischer Trieb gemeinhin geduldet.

Aus rechtlichen Gründen kann ich an dieser Stelle leider nicht ins Detail gehen, was die wahre Identität der betreffenden Personen angeht.

Solltet ihr euch für die Namen interessieren, sendet bitte einen Betrag in Höhe von mindestens 10 Euro an paypal.me/tobiaspongratz und gebt im Betreff eine Kontaktadresse an, an die ich die brisanten Informationen senden werde, wenn ihr Glück habt.

Zurück zum Thema: Ich will nicht länger um den heißen Brei herumreden. Ihr fragt euch bestimmt schon die ganze Zeit neugierig, welche Leiche ich wohl im Keller haben könnte. Ihr sollt es nun erfahren, denn ich schäme mich nicht für meine Vergangenheit, für das, was ich getan habe, oder die Fehler, die ich gemacht habe. Wie die ehemalige Heidelberger Rapperin Cora E. sagte: Es wäre heute nichts, wie es ist, wäre es damals nicht gewesen, wie es war.

In der heutigen Zeit gibt es viele Anlässe, sich zu schämen. Es gibt Menschen, die schämen sich, weil sie dick sind. Es gibt aber auch Menschen, die sich schämen, weil sie sich für zu dünn halten. Manche schämen sich für ihre Sexualität, und das zu Recht! Einige schämen sich, weil sie zu wenig Geld haben. Es gibt Menschen, die schämen sich für ihren Partner. Andere wiederum schämen sich, weil sie niemanden finden, der es mit ihnen aushält. Manche Menschen schämen sich so sehr, dass es ihnen schwerfällt, morgens aus dem Bett zu kommen. Peinlich berührt bleiben sie liegen und ziehen sich die Decke über den Kopf.

Verhaltensweisen dieser Art befremden mich seit jeher. Was soll so was? Seid ihr bescheuert? Steht gefälligst auf! Scham ist etwas Gutes. Denn sie bietet uns einen Ansatzpunkt, um an uns zu arbeiten. Beziehungsweise an euch, denn ich muss nicht an mir arbeiten. Was wäre ich für ein Vorbild, wenn ich selbst fehlerhaft wäre? Ich könnte ein Buch wie dieses hier nicht gewissenhaft schreiben, wenn ich nicht perfekt wäre. Aber genug davon.

Vielleicht habt ihr das anhand des Untertitels des Kapitels schon geahnt: Es gab eine Zeit, in der ich als Fernfahrer gearbeitet habe.

Das Haar trug ich damals lang, genau so, wie man es von einem Fernfahrer erwartet. Ich weiß, was ihr jetzt denkt, denn der Beruf des Fernfahrers ist berüchtigt und in der Branche treiben überwiegend missgünstige und gewalttätige Gestalten ihr Unwesen. Doch wie immer gibt es auch hier Ausnahmen. Und von genau so einer will ich euch heute berichten.

Ich fuhr mal wieder auf der A8 zwischen Ulm und Stuttgart, meinem absoluten Lieblingsstreckenabschnitt einer deutschen Autobahn. Im Gepäck hatte ich eine große Ladung Zigaretten, die ich mit meinem 30-Tonner der Marke Mercedes ihrem Bestimmungsort in den österreichischen Alpen zuführen sollte. Transporte dieser Art waren in den letzten Jahren in zunehmendem Maße zum Opfer räuberischer Überfälle geworden, sodass mich an meinem Zielort bereits eine hübsche Gefahrenzulage erwarten würde. Es war ein Freitagnachmittag und die Pendler des baden-württembergischen Feierabendverkehrs tuckerten freudig in Richtung Wochenende. Neben mir blubberte eine Kaffeemaschine und das Radio spielte eine wunderschöne Mittelalterballade meiner damaligen Lieblingsband Feuerschwanz. So, meine Lieben, ließ es sich leben!

»Rums!« Ein plötzlicher Ruck erschütterte den 30-Tonner. Schnell setzte ich den Blinker und lenkte den Wagen mit ruhiger Hand auf einen Autohof, um der Ursache der Erschütterung auf den Grund zu gehen. Mein knurrender Magen erinnerte mich daran, dass ich schon wieder weiß Gott wie lange unterwegs sein musste. Noch vor den ersten Sonnenstrahlen war ich in Neumünster aufgebrochen und hatte mir den Vormittag auf Autobahnen und Landstraßen der nord- und westdeutschen Bundesrepublik um die Ohren gehauen. Nachdem ich mir bei einer Tankstelle am Kamener Kreuz wie jedes Mal eine heiße Hexe und zwei Bockis auf Pappe mit Senf drauf und Ketchup genehmigt hatte, plagte mich nun am frühen Abend entsetzlicher Hunger. »Junge, Junge – hab ich 'n Kohldampf«, sagte ich zu mir selbst, wie es nur echte Trucker tun. Schwungvoll öffnete ich die Türe meines rubinroten Sattelschleppers der Marke IVECO und setzte zu einem Flickflack-Sprung an, denn so pflegte ich stets auf Raststätten und Autohöfen auszusteigen, um bei den anderen Brummifahrern gehörig Eindruck zu schinden. War im CB-Funknetz der deutschen Fernfahrer-Szene damals vom Flickflackmann die Rede, meinte man natürlich mich. Wie jeder Rapper mit einem unverkennbaren Trademark seiner Karriere einen gehörigen Boost verschaffen kann, so machten auch die vielen Fernfahrer auf dem glühenden Asphalt der Republik mit ihren Marotten und Eigenarten gern von sich reden. Manche trugen sogar Masken.

»Hey du! Hat's dir den Gummi weggeknallt, Alter?« Ich blickte auf einen durchtrainierten jungen Österreicher mit tätowierten Händen und einem Baseball-Cap, der mir sofort gefiel. Noch bevor ich meine schöne Lokomotive auf Schäden absuchte, begrüßte ich den Sympathen mit einem Männercheck.

»Ja, bei mir hat es mal wieder ordentlich gerummst, Alter! Und ich rede nicht von meinem letzten Besuch auf dem Scheißhaus, mein Lieber. Ich rede aber auch nicht vom letzten Rumpsteak, das ich gegessen habe. Und vom Rum, den ich mir gestern Abend genehmigt habe, rede ich auch nicht.« Ich verkniff mir das Lachen, denn meine Schlagfertigkeit war auffallend. »Redest du von den Rumkugeln in deinem Handschuhfach«, versuchte er unbeholfen aufzuschließen. »Ich bin wirklich immer für einen kleinen Spaß zu haben, aber für solche Scherze ist hier nun wirklich keine Zeit, ich hab hier ein verdammtes Problem, Alter!«

Mein Truck rauchte mittlerweile aus allen Öffnungen, das Ungetüm quietschte und klapperte wie eine schlecht kalibrierte Zeitmaschine und die verdammte Kiste drohte mir auf der Stelle abzufackeln. »Scheiße«, schrie ich hysterisch in die Dunkelheit des Autohofs, »mein schöner Truck fackelt gleich ab!« – »Haha, das zahlt dann wohl die Versicherung! Ich hoffe, du hast 'ne Vollkasko, Kollege«, tönte es aus dem Fahrerhäuschen eines LKW, der in einer benachbarten Parkbucht abgestellt war. »So eine Unverschämtheit ist mir in meiner gesamten Laufbahn als Fernfahrer noch nicht untergekommen. Was fällt Ihnen ein? Ich vergesse mich gleich!« Mit jeder Silbe, die ich sprach, wurde ich wütender. »Ich zähle jetzt bis drei, und wenn Sie sich dann nicht entschuldigt haben, werden Sie Ihr blaues Wunder erleben!« Blitze schlugen aus dem Unterboden meines unbändigen Gefährts. »Ja, ja, ist ja gut, bitte entschuldigen Sie, mein Herr«, beschwichtigend hob der Unverschämte die Hände. »Wann es gut ist, das haben Sie nicht zu entscheiden!« Mit dem Wagenheber brach ich dem vorlauten Fernfahrer die Arme. Und zur Bekräftigung warf mein tätowierter Kollege eine Euro-Palette auf das Schwein. Auf und an der Autobahn herrschte damals ein rauer Umgangston. Nicht umsonst heißt es »Fluchen wie ein Bierkutscher«. Einige der schrecklichsten Kraftausdrücke aus meinem Wortschatz habe ich in meiner Zeit als LKW-Fahrer aufgeschnappt. Aber die Arbeit war auch ehrlich, und das lag mir. Ich liebte meinen Job.

Einige befreundete Brummifahrer waren uns zwischenzeitlich zu Hilfe geeilt. Mit gutem Zureden brachten wir den wild zuckenden Wagen zur Ruhe. Manchmal braucht es eben keine Ausbildung als KFZ-Mechaniker, sondern einfach ein gutes Gespür für die richtigen Worte, um Herr über eine ausweglos scheinende Situation zu werden. Kurz war mir, als hätte ich zwischen den Achsen meiner treuen Maschine einen Schatten wahrgenommen. Aber konnte das wirklich sein? Nach kurzem Überlegen verwarf ich den Gedanken wieder. Ich hatte Feierabend und wollte nun auf andere Gedanken kommen. Die Work-Life-Balance war mir auch in meiner Zeit als Fernfahrer schon immer wichtig. Viele Deutsche leben, um zu arbeiten, und das kam mir nicht in die Tüte. Sie alle kennen die Geschichte vom Fischer, der einmal aufs Meer hinaustrieb, aber das ist jetzt egal. Ich, Panik Panzer, lebe nicht, um zu arbeiten, oder arbeite nicht, um zu leben, suchen Sie sich bitte was aus.

Der Autohof, auf dem ich ungeplant zum Stehen gekommen war, hatte einiges zu bieten. Eine Art Disneyland für die Männer und Frauen der Logistikbranche. Es gab Achterbahnen, Russisches Roulette und Erlebnisreisen für die Familie. Es gab eine Shopping-Mall, einen Schwarzlicht-Minigolfpark, zahlreiche Stände mit den herrlichsten Schleckereien, Event-Gastronomie, eine Feuerwehrstation, einen Aqua-Park, ein Abenteuerkino, verschiedene Geisterbahnen, ein Seniorenstift, einen Dinosaurierpark ähnlich dem von *Jurassic Park* und ein Freilichtmuseum, das einen Einblick in die Lebensweise des Mittelalters bot. Es gab unterirdische Höhlen, malerische Landschaften, welche tatsächlich von bekannten Malern wie Emil Nolde oder Leonardo da Vinci als Aquarelle gemalt worden waren. Es gab Toiletten und andere Sanitäranlagen in Hülle und Fülle. Es gab einen Zirkus und einen Zoo. Es gab eine Monstertruck-Show, eine Bibliothek, die leider geschlossen war, und eine Videothek, die durchgehend geöffnet war. Es gab einen Bäcker, einen Metzger, einen Schuhmacher und einen Zeitungskiosk. Es gab ein Rathaus und eine Amüsiermeile, einen Rotlichtbezirk, einen Taxistand, eine sehr hohe Mauer, Spielplätze und Abenteuerspielplätze. Es gab ein Fußballstadion und eine Tischtennisplatte, historische Bauten, Kirchen und Kathedralen und zwei Biergärten. Es gab Labyrinthe, Aussichtstürme, einen Wald, eine Autovermietung, ein komplexes System öffentlicher Verkehrsmittel, Kinderbetreuung ganztags und halbtags, Zuckerwatte und eine Gigafactory, in der Teslas vom Band liefen. Es gab eine Spielothek, ein Automatencasino, Eisdielen und McDonald's. Burger King gab es nicht. Es gab ein Fundbüro, einen Autofriedhof, ein Gebüsch, in dem man sich verstecken konnte, eine Viehkoppel und einen Reiterhof. Es gab Kochkurse, verschiedene Sportangebote, die von Bauch-Beine-Po über Wassergymnastik bis hin zu Karate reichten. Es gab Angebote für Rucksackreisen sowie einen Outdoor- und einen Indoor-Pool. Es gab Tippgemeinschaften für die Bundesliga, aber auch die NBA und die NFL. Es gab die Möglichkeit, Zeitreisen zu machen, an einem Graffiti-Workshop teilzunehmen, kostenlose Schönheitschirurgie, einen Hundesalon und eine Cafeteria. Ganz schön viel, was? Die deutsche Autobahn ist gemeinhin besser als ihr Ruf.

Ich entschied mich, vorerst keines der Angebote in Anspruch zu nehmen, denn sie waren mir zu teuer und entsprachen nicht meinem Geschmack. Ich bestellte mir eine Pizza Margherita mit doppelt Käse und Knoblauch und beschloss, den Abend bei einem Open-Air-Konzert des US-amerikanischen Poprap-Acts Black Eyed Peas ausklingen zu lassen. Die Betreiber des Autohofs pflegten in diesen Tagen Popacts der Superlative gleich saisonweise zu buchen.

Früh am nächsten Morgen, der Hahn hatte nicht mal gekräht, drehte ich den goldenen Schlüssel meines Sattelschleppers im Zündschloss um und setzte meine Reise fort. Ich liebte es, noch vor dem Morgengrauen aufzubrechen und meinen 30-Tonner gen Osten in die aufgehende Sonne zu lenken. Die Felder und Flure zogen in den leuchtendsten Farben an mir vorbei, die aufgehende Sonne färbte den Himmel rosa-gold und aus den Lautsprechern tönte mein Lieblingslied »Wurst oder Käse« von der Band Die Flieger auf Repeat, das ich inbrünstig mitgrölte. Ich stellte den Tempomaten ein, ließ die Fenster runter und schrie mich heiser. Ich war in kompletter Ekstase und bemerkte gar nicht das Unheil, das sich gerade bei voller Fahrt anbahnte.

Irgendwo im Chassis meiner Zugmaschine musste sich jemand versteckt gehalten haben und war nun bei voller Fahrt auf das Führerhäuschen geklettert. Ich nahm den blinden Passagier erst wahr, als seine fettige und behaarte Pranke mit einem lauten Poltern von oben auf die Windschutzscheibe knallte. »Was geht hier vor«, schrie ich entsetzt, »mach, dass du wegkommst.« Ein Entermesser zwischen die gelben Zähne geklemmt, trommelte der irre Eindringling wie besessen auf das Dach ein, während Die Flieger unablässig fragten: »Wurst oder Käse?« Ich wusste, was mir nun drohte. Das, was mir nun drohte, war ein hinterhältiger Raubüberfall unter Anwendung schwerster Gewalt. Irgendeiner der Kollegen musste mich verpfiffen haben, denn mir war völlig klar, dass das hier kein Zufall war. Der irre Dachtrommler hatte es auf meine wertvolle Fracht abgesehen, der Wichser wollte meine Kippen.

Ich hätte scharf abbremsen und meinen Gegner so vom Dach katapultieren können. Die Gesetze der Schwerkraft, insbesondere das der Trägheit der Masse im Raum, hätten mir in die Karten gespielt. Aber das wäre zu einfach gewesen. Was sich in den folgenden Minuten und Stunden abspielte, übertraf den Showdown eines jeden Actionfilms um Längen. »Wenn du Zigaretten haben willst, dann musst du dir selbst welche kaufen. Denn die hier gehören mir beziehungsweise ihren Eigentümern«, schrie ich aus dem Fahrerfenster hinaus. »Käse oder Wurst?«, fragten Die Flieger. Mit einem Flickflack sprang ich aufs Dach.

Ich traute meinen Augen kaum, den Typen kannte ich doch. Ein glatzköpfiges Männlein mit Schnurrbart und einem Enterhaken anstelle der linken Hand stand vor mir. Sein Gesicht war mir nicht nur von den Fahndungsplakaten der Autobahnraststätten und *Aktenzeichen XY* vertraut. Nein, den Räuber kannte ich noch aus Kindertagen. Einst hatte ich ihn in einem Malwettbewerb besiegt, das hatte er mir wohl nie verziehen.

Mit kräftigen Schlägen droschen wir aufeinander ein. Der kleine, dicke Mann war stärker, als ich es erwartet hatte. Aber Verstärkung zu rufen oder gar die Polizei einzuschalten verbot mir meine Fernfahrerehre. Schließlich zwang mich der schwer bezwingbare Fettsack doch dazu, eine Ausnahme zu machen, und ich rief die Autobahnpolizei. »Hilfe«, schrie ich in den Hörer, während ich mit einem Säbel den Piraten in Schach hielt, »hier spricht Panik Panzer, ich bin auf der Autobahn irgendwo zwischen Ulm und Stuttgart und werde von einem kleinen, dicken Mann mit Schnurrbart und Enterhaken angegriffen. Kommen Sie schnell.« Der freundliche Polizist sicherte mir schnelle Hilfe zu, doch niemand kam.

Lautes Hupen. Ein lilafarbener LKW war auf unsere Höhe gezogen. »Wurst oder Käse?«, schallte es aus dem offenen Fenster meiner Dampfmaschine. »Hallo, Panik Panzer, einen ausgezeichneten Musikgeschmack hast du, Alter.« Ich traute meinen Augen kaum. Mein österreichischer Brummikollege von letzter Nacht war herbeigeeilt und schoss den Zwerg vom Dach.

So schnell kann es gehen. Hatte ich in der einen Sekunde noch mit dem Rücken zur Wand gestanden, hatte ich, meinem österreichischen Freund sei Dank, nun die Oberhand gewonnen. Auf meinen Reisen als Abenteurer habe ich viele Erfahrungen dieser Art gemacht. Menschen sind wie Elefanten, sie vergessen nie etwas. Den kleinen Jungen hatte ich mit meinem Talent als Maler gedemütigt. Während ich gedanklich schon viel weiter gewesen war und mich den höheren Dingen des Lebens gewidmet hatte, trieb den dicken Jungen die Rachsucht auf das Dach meines LKWs, wo er den grausamen Tod fand. Wobei ich mir da nicht sicher bin. Sollte es einen zweiten Teil dieses Buches geben, behalte ich mir vor, von einer etwaigen Wiederkehr des Finsterlings zu berichten.

Was will ich euch damit sagen? Umweltschutz ist wichtig. Aber genau wie Demokratie in Maßen zu genießen. Leute, die zum

Zweck der Abgasausstoßreduktion den LKW-Verkehr reduzieren oder gar lahmlegen wollen, machen einen entscheidenden Fehler. Das Rückgrat der globalisierten Wirtschaft ist die Logistikbranche. Wenn wir nicht in der Lage sind, etwas von A nach B, von B nach C oder von C nach D oder von D wieder zurück nach A zu transportieren, wozu sind wir dann überhaupt noch in der Lage? Nicht umsonst hat der Physiker Newton den Raum als dreidimensionales Kontinuum beschrieben. Die LKW-Branche hilft uns, den Raum in der Länge, in der Breite und in der Höhe zu überwinden. Nicht nur mit fossilen Brennstoffen, sondern auch pedalbetrieben oder gespeist aus Solarenergie bringen Transporter die heiß ersehnte Ware an ihren Bestimmungsort. Bitte legt das Buch kurz beiseite und nehmt euch ein paar Minuten Zeit, um euch das genau vorzustellen, denn ich kann hier nicht alles im Detail erklären. Die Umweltschützer und Besserwisser unter euch, die nun immer noch nicht verstanden haben, wie wichtig die Atomkraft für uns ist, sind meines Erachtens nicht zu retten. Ich erkläre euch hiermit für vogelfrei.

DAS BESTE KOMMT ZUM SCHLUSS

Das perfekte Rühreirezept

Meine lieben Leserinnen und Leser, nun ist es an der Zeit, Abschied zu nehmen. Mit tiefer Rührung stelle ich fest, dass ihr die Geschichten eines Abenteurers bis zum Schluss verschlungen und in euch aufgesogen und meine mitunter nicht gerade konventionelle Perspektive auf das Leben im Schweinesystem in eure Herzen gelassen habt. Dazu gratuliere ich euch!

Ich weiß, wie ihr euch fühlt, denn ich bin einer von euch und ihr seid einer von mir. Über die vielen Stunden, die wir nun gemeinsam verbracht haben, über all die Hochs und Tiefs meines bewegten Lebens, durch die ihr mich begleiten durftet, bin ich euch mit großer Wahrscheinlichkeit ans Herz gewachsen, manchen auch zum Freund geworden.

Dass euch nun die Sorge beschleicht, dass das Ende des Buches das Ende einer Ära sein könnte und ein nicht zu füllendes Loch, eine klaffende Wunde in euer Leben reißt, kann ich gut verstehen. Doch auf jedes Ende folgt ein Anfang und jedem Anfang wohnt ein Zauber inne und jeder Zauber ist magisch. Wenn ich morgen sterben müsste, würde ich heute noch einen Baum pflanzen. Das meine ich ernst. Wenn ihr den schinkenwurstfarbenen Buchrücken meines Opus magnum in wenigen Minuten zuschlagt, dann beginnt für euch ein neues Leben und für mich endet ein Stück Verantwortung. Haltet für einen Moment inne, schließt die Augen, atmet ein, atmet aus, spürt in eure Atmung und euer Innerstes und erlebt das Gefühl, angekommen zu sein. Ich konnte euch ein Leuchtturm sein, und das erfüllt mich mit so etwas Ähnlichem wie Stolz. Ihr selbst dürft auch stolz sein, denn ihr habt es bis hierhin geschafft und für viele von euch dürfte es das erste Mal im Leben sein, dass sie etwas geschafft haben. Das, ihr lieben Löwen, ist Freiheit.

Durch jedes verkaufte Exemplar dieses Buches gabt ihr dem riva Verlag, meinem Co-Autor Martin Seeliger und mir außerdem die finanziellen Mittel an die Hand, unsere trostlose Welt ein wenig schöner zu machen. Am Ende ist es das Lächeln der Menschen und Kinder, welches mich in meinem Tun und Handeln bestätigt, jeden Tag aufs Neue mein Bestes zu geben. Dafür mache ich das alles. Und für nichts anderes. Ich danke euch. Von Herzen. Ich danke euch von Herzen. Danke. Ernsthaft. Ihr wart ein geiles Publikum!

Wie Sie mittlerweile wissen, sehe ich die Welt nicht durch eine rosarote Brille. Ich weiß wohl, dass einige von Ihnen an dieser Stelle enttäuscht oder wütend sein könnten. Sie mögen sich betrogen oder sogar belogen fühlen, ja, Kurzsichtige könnten tatsächlich behaupten, dass ich auf den rund 200 Seiten meiner ersten Autobiografie nicht immer die hundertprozentige Wahrheit erzählt habe. Manch ein Wahnsinniger wird mich womöglich sogar als reaktionär diffamieren, als dummes Schwein, sozialdemokratischen Spinner oder, schlimmer noch, mich als Faschisten, Fatshamer oder Verräter an der Sache hinstellen. Sie können mir glauben, dass ich den Unmut, den Sie beim Lesen empfunden haben, beim Schreiben bereits spürte. Und obwohl ich diese Skepsis mir gegenüber unangebracht und verletzend finde, habe ich tagein, tagaus am Manuskript gearbeitet, mich niemals verunsichern lassen, nie verbogen und bin stets straight meinen eigenen Weg gegangen. Ich würde mich nie beeinflussen lassen oder irgendwie verändern, geschweige denn, irgendwelche Kompromisse machen. Straight, das heißt immer geradeaus. Keine Kurven, keine Abzweigungen und vor allen Dingen keine Schleichwege. Denn ich habe und hatte stets ein klares Ziel: Ich will Licht in die Dunkelheit der Literaturwelt bringen. Liebe Skeptiker, fragen Sie sich doch mal, ob es wirklich meine Worte sind, die an Ihnen nagen, oder ob es nicht Ihre negative Einstellung zum Leben sein könnte, die Ihren Unmut herbeiführt. Seien Sie bitte ehrlich zu sich selbst, darum bitte ich Sie inständig. Wenn Sie nun immer noch an mir und meiner Integrität zweifeln, sollten Sie sich mit Platons Höhlengleichnis beschäftigen. Ich bin nicht irgendein Höhlenmensch, der sich Schatten an der Wand anguckt. Danke!

Was mir noch bleibt, ist, ein bis dato wohlgehütetes Geheimnis zu lüften, da mich viele meiner Fans darum gebeten haben.

Alle Menschen lieben Rührei. Doch die wenigsten pflegen es korrekt zuzubereiten. Es gibt Leute, die braten ihr Rührei in Pflanzenöl. Es gibt Leute, die spicken ihr Rührei mit allerlei Gemüse oder krauser Petersilie. Es gibt Leute, die reichern ihr Rührei mit Milch oder Wasser an. Fast alle Leute prügeln ihr Rührei ohne jedes Verständnis für die Sache über die Teflonschicht der Bratpfanne, sodass es in seiner Konsistenz am Ende vertrocknetem Erbrochenem ähnelt. All diese Leute haben nichts verstanden.

Rührei ist eine Eierspeise aus verquirlten Eiern. Rührei ist keine Eierspeise aus verquirlten Eiern, Gemüse, Käse oder Schinkenspeck. Die Hauptzutat für Rührei ist Ei. Wer sein Rührei nicht ordentlich schlägt, der gehört selbst ordentlich geschlagen. Der Verquirlungsprozess ist erst abgeschlossen, wenn sich Eiweiß und Eigelb zu einer symbiotischen Eimasse verbunden haben, in der keine Inseln von Eiweiß oder Eigelb mehr erkennbar sind. Sollte sich kein feiner Eischaum auf der geschlagenen Eimasse gebildet haben, ist die vollständige Verquirlung noch nicht abgeschlossen. Ein erfolgreicher Musikmanager, und damit meine ich nicht mich selbst, sagte einmal: »Sobald du das Gefühl hast, deine Konzertbesucher mit der Anzahl der Aufforderungen, die Hände von links nach rechts zu bewegen, ordentlich zu nerven, hast du gerade das richtige Pensum gefunden.« Genauso verhält es sich beim Verquirlen. Wenn die Arme vom Schlagen des Eis anfangen, schwer und schwach zu werden, hat der Prozess gerade erst begonnen. Ich rate euch: Schlagt, was das Zeug hält, lasst den Bizeps brennen, das Rührei wird es euch danken.

Rührei rührt man in brauner Butter. Wenn ich von brauner Butter rede, dann rede ich von brauner Butter. Ich rede nicht von Sonnenblumenöl, Rapsöl, Olivenöl, gar kein Öl, Sesamöl, Motoröl oder Hödelö. Ich rede nicht von schwarzer Butter, kalter Butter, geschmolzener Butter, Knoblauchbutter oder Kräuterbutter. Wovon ich rede, ist braune Butter. Braune Butter zeichnet sich durch eine braune Farbe und einen mild nussigen Geschmack aus. Veganer können leider kein Rührei essen, da die Zubereitung von brauner Butter mit Margarine oder anderen Butteralternativen nicht funktioniert. Braune Butter wird am einfachsten bei einer Hitze von etwa 85 Prozent der Gesamtleistung einer Herdplatte gebräunt. Man werfe ein gutes Stück Butter in eine beschichtete Pfanne und halte das flüssige Gold in Bewegung, bis das Nussaroma angenehm von unten nach oben in die Nüstern steigt und das feine Fett eine bräunliche Farbe angenommen hat. Schmeckt die braune Butter bitter, ist sie verbrannt und nicht mehr zu genießen. Man spüle die Pfanne gut aus und beginne den Herstellungsprozess von vorne. Es ist alles eine Frage des richtigen Timings.

Kommen wir zum Prozess des Rührens. Habt ihr euch schon mal gefragt, warum Rührei Rührei heißt und nicht Schiebei,

Schlagei, Stocherei oder Schubsei? Offensichtlich nicht. Das Rühren eines Rühreis erfordert weder Geschick noch Talent. Es erfordert lediglich die nötige Ernsthaftigkeit. Gibt man die verquirlte Eimasse zur braunen Butter in die Pfanne, ist Schluss mit lustig. Das Rührei braucht nun Zuwendung, Liebe und Geborgenheit, mehr noch als ein neugeborenes Menschenkind. Kinder sind unsere Zukunft. Es liegt in unserer Verantwortung, ob, einmal aus dem Ei geschlüpft, ein edler Vogel oder ein hässliches Entlein in die Welt hinauszieht. Rühren Sie die Eimasse mit einer Rührbewegung, lassen Sie die Masse aber auch immer wieder zur Ruhe kommen und geben Sie dem Stockprozess die nötige Zeit, niemals aber zu viel Zeit. Das perfekte Rührei formt sich zu einem abstrakten Fladen von annähernd fester Konsistenz und ist durchzogen von vielen kleinen Taschen und Höhlen, die von halb gestockter Eimasse bewohnt die herrlich luftig-feuchte Konsistenz des Rühreis herbeiführen. Das ist die absolute Königsklasse. Ist der Fladen trocken, ist er nicht mehr zu gebrauchen.

Gerne würde ich Ihnen an dieser Stelle noch mehr erzählen, doch ich, der Mann Panik Panzer, muss weiter, denn es warten noch viele Abenteuer auf mich, von denen ich Ihnen so gerne in einem meiner nächsten Romane berichten möchte. Haut rein! Gebt Gas! Kommt gut nach Hause!

Nur eins noch … ach, egal.